Java-Tutorial

Programmieren lernen mit der Programmiersprache Java

Kevin Scholze

Bibliografische Information der Deutschen Nationalbibliothek:
Die Deutsche Nationalbibliothek verzeichnet diese Publikation in der Deutschen Nationalbibliografie;
detaillierte bibliografische Daten sind im Internet über http://dnb.dnb.de abrufbar.

Herstellung und Verlag: BoD – Books on Demand, Norderstedt

ISBN: 978-3-7562-2770-9

Inhaltsverzeichnis

1 Einführung

Herzlich Willkommen!

In diesem Tutorial lernst du die Grundlagen der Programmiersprache Java und wie du mit Eclipse eigene Programme entwickeln kannst.

1.1 Warum programmieren lernen?

Sehr viele Gründe sprechen dafür, programmieren zu lernen.

Schon die zunehmende Digitalisierung im Arbeitsleben spricht dafür, sich näher mit dem Thema zu beschäftigen, wie ein Computerprogramm erstellt wird. Mittlerweile ist die Bandbreite an Möglichkeiten, als Programmierer tätig zu werden, riesig. Ob nun ansprechende Desktopprogramme, mobile Apps, die Spieleentwicklung, selbstfahrende Autos, Roboter, komplexe (eingebettete) Betriebssysteme oder auch nur der Taschenrechner; in nahezu allen Lebensbereichen spielen Computersysteme und -Programme eine wichtige Rolle. Dementsprechend wird der Bedarf an Programmierern auf dem Arbeitsmarkt auch in Zukunft hoch bleiben.

Als Programmierer hast du wie in kaum einem anderen Beruf die Möglichkeit, mit so gut wie keinem Startkapital, dich selbständig zu machen. Eigentlich benötigst du nur deinen Computer und die nötige Zeit. Und natürlich auch eine kreative Idee, Durchhaltevermögen, Frustrationstoleranz, etc... Im Gegensatz zu – beispielsweise einem selbständigen Pizzabäcker – brauchst du dir aber um die Miete für Geschäftsräume, Wareneinkäufe, Mitarbeiter und sonstige Fixkosten keine Sorgen zu machen. Eine eigene App könntest du beispielsweise auch nebenberuflich entwickeln.

Programmieren ist eine abwechslungsreiche, kreative Tätigkeit, die dich immer fit im Kopf hält. Als Programmierer musst du Probleme lösen und dabei auch verschiedene Wege ausprobieren, um zum gewünschten Ergebnis zu kommen. Und oft stellst du auch einmal mittendrin fest, dass eine andere Lösung vielleicht besser wäre. Dabei entwickelst du immer etwas Eigenes. Dein Projekt, dein Programm, deine Lösung.

Abgesehen davon bringst du einem Computer bei, genau das zu tun, was du willst! Und das ist schon für sich genommen ziemlich cool...

1.2 Warum Java?

Java ist eine Allzweck-Programmiersprache, die sich für viele verschiedene Anwendungsgebiete, vor allem Desktopanwendungen und Webanwendungen, eignet. Auch in der Entwicklung mobiler Apps hat Java eine große Bedeutung, denn Android Apps werden mit den Programmiersprachen Java oder Kotlin (was Java sehr ähnlich ist) programmiert.

Java ist eine ursprünglich von Sun Microsystems entwickelte Programmiersprache, die seit 2010 zu Oracle gehört. Java wurde von Anfang an als plattformunabhängige Programmiersprache entwickelt; in Java entwickelte Programme sind deshalb in allen Betriebssystemen anwendbar Mit Java entwickelte Programme können also in Windows-, Apple- oder Linux-Systemen eingesetzt werden.

Java ist eine rein objektorientierte Programmiersprache. Der Einstieg in weitere objektorientierte Programmiersprachen wie beispielsweise C# oder Kotlin fällt deutlich leichter, wenn man die Grundlagen in Java beherrscht.

1.3 Warum dieses Buch?

Um in Java programmieren zu können, wirst du in diesem Tutorial die Grundlagen der Programmiersprache Schritt für Schritt lernen und dein Wissen mit jeder Lektion weiter aufbauen. Das Tutorial ist so gegliedert, dass die einzelnen Abschnitte aufeinander aufbauen und es dir ermöglichen werden, immer komplexere Problemlösungen zu bewältigen. In verschiedenen Programmieraufgaben wirst du dein Wissen an konkreten Beispielen anwenden können, indem du eigene Programme erstellst und Probleme selbständig lösen wirst. Dabei „fangen wir bei Null an", sodass du keinerlei Vorkenntnisse brauchst.

Und warum „Tutorial"?

Ich habe in diesem Buch die Inhalte auf das – meiner Meinung nach – absolut Wesentliche konzentriert. Du wirst also nicht mit theoretischem Hintergrundwissen „erschlagen", sondern lernst Programmieren nah an der Funktionsweise des Codes. Ich nenne dieses Buch deshalb auch Tutorial...

Und jetzt kann es endlich losgehen. Bei der Arbeit mit diesem Tutorial wünsche ich dir viel Erfolg und natürlich auch viel Spaß beim Programmieren!

1.4 Java installieren

Um mit Java programmieren zu können, benötigst du das JDK. JDK steht für Java Development Kit. Dieses kann kostenlos auf der Webseite von Oracle heruntergeladen werden.

Hierzu geben wir in die Suchmaschine unseres Vertrauens die Begriffe „jdk download" ein oder verwenden den Link: https://www.oracle.com/java/technologies/downloads/

Auf der Webseite von Oracle müssen wir eine für unser Betriebssystem passende Version aussuchen. Java Versionen für Linux, macOs und Windows sind unter den entsprechenden Reitern aufgelistet. Für ein Windows-Betriebssystem können wir beispielsweise die X64-Installer-Datei herunterladen:

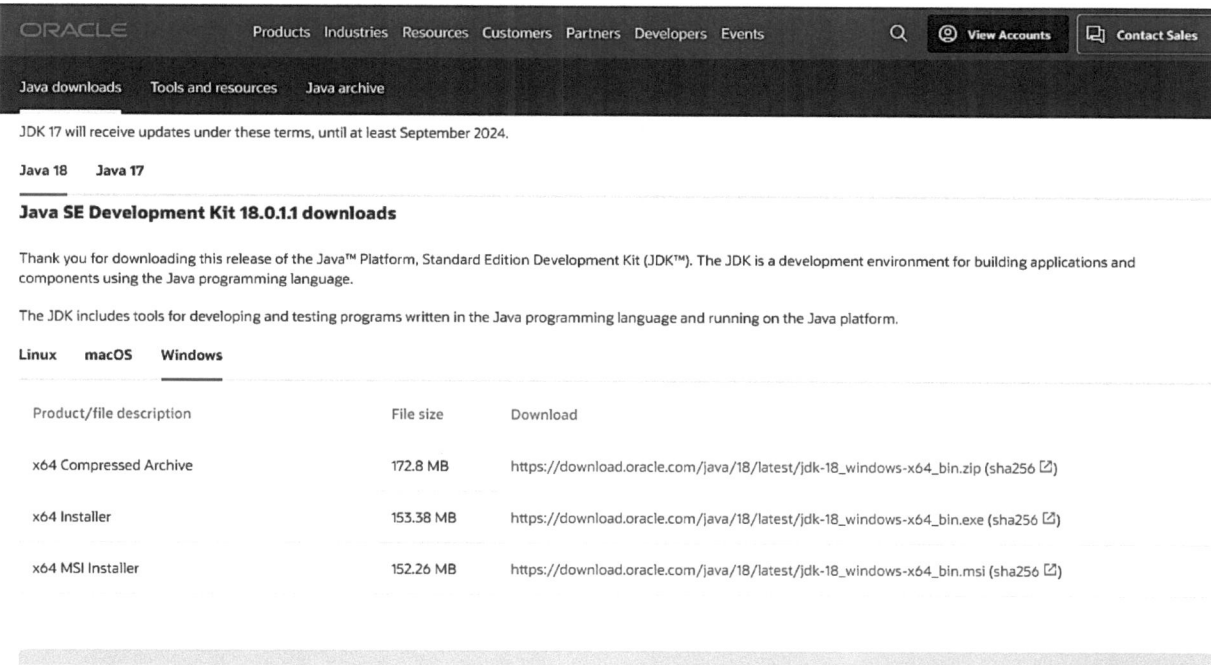

Mit Ausführung der heruntergeladenen Datei wird Java installiert.

1.5 Eclipse herunterladen

Für das Programmieren in Java empfehle ich die Entwicklungsumgebung Eclipse.

Eclipse ist in der Anwendung relativ einfach gehalten und übersichtlich gestaltet und deshalb vor allem für den Anfänger in Java sehr geeignet.

Eclipse können wir unter folgendem Link herunterladen: https://www.eclipse.org/downloads/

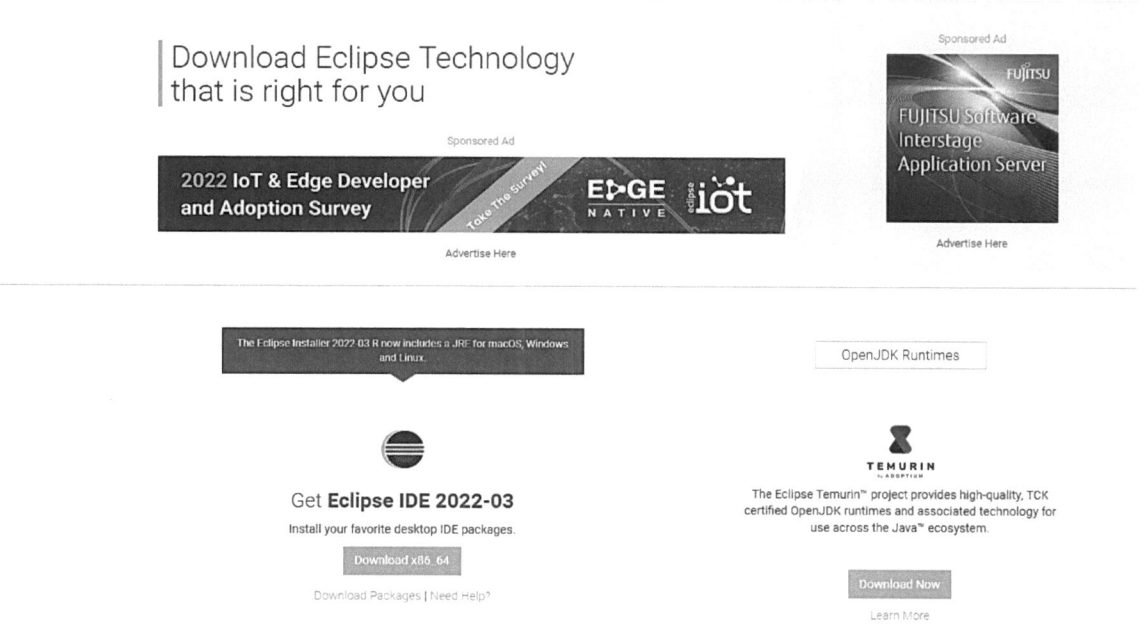

Die heruntergeladene Datei führen wir aus und gelangen in das Installationsmenü. Hier wählen wir die Version „Eclipse IDE for Java Developers" aus:

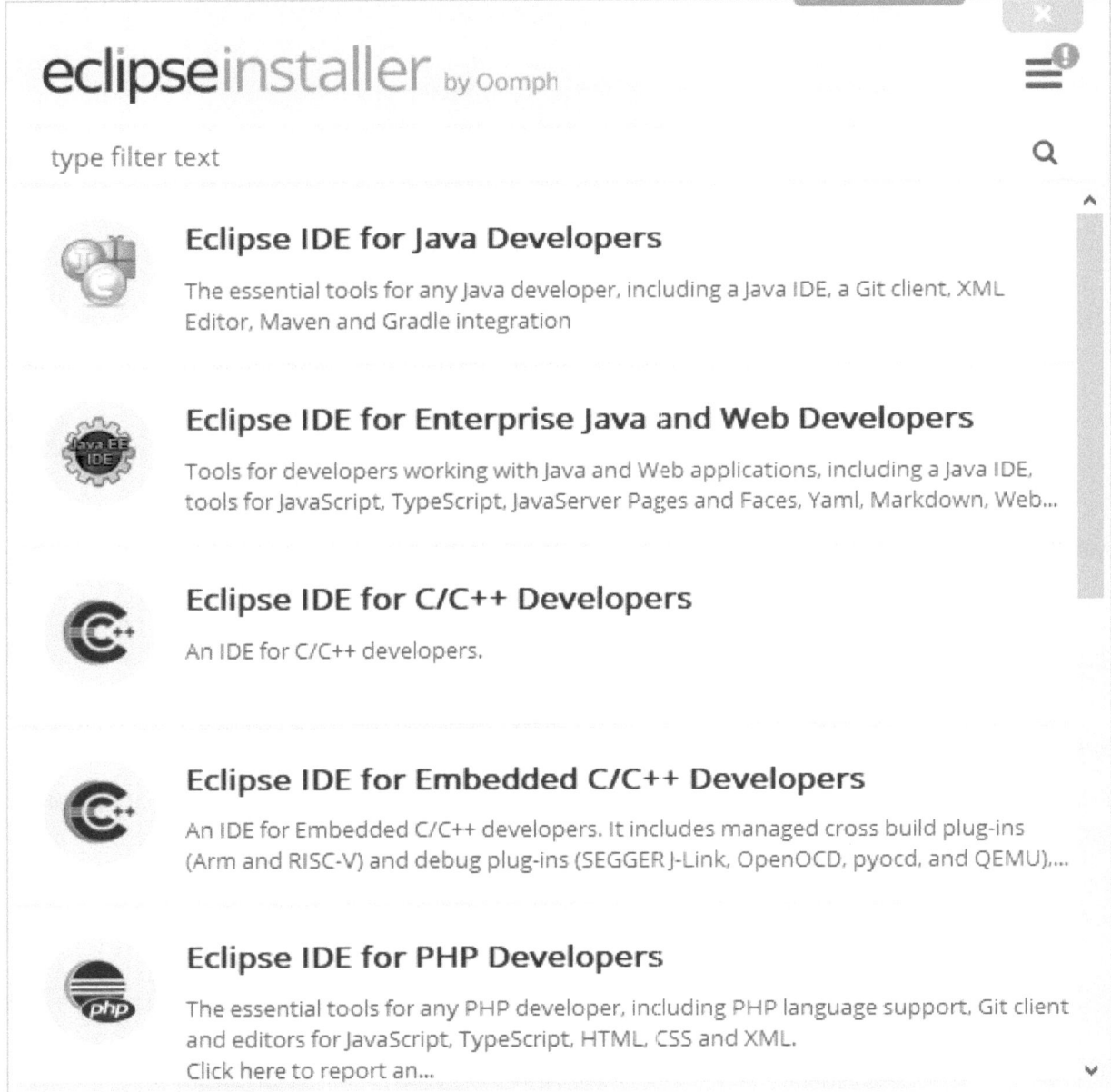

Im darauffolgenden Menü muss zuerst der Speicherort der Java-Dateien angegeben werden, was grundsätzlich automatisch geschieht. Hier müssen wir nichts ändern. Darunter können wir das Speicherverzeichnis der Eclipse-Software bestimmen, beispielsweise einen eigenen Ordner im Laufwerk „C:\":

Nach dem ersten Programmstart werden wir gefragt, wo sich unser „Workspace" befinden soll. Der Workspace ist der Ort, an dem unsere Eclipse-Projekte gespeichert werden, also im Dateisystem tatsächlich vorhanden sind.

Wenn wir einen Ordner für unsere Projekte festgelegt haben, kann diese Meldung mit einem Häkchen auf die Checkbox „Use this as the default and do not ask again" bei den nächsten Ausführungen übergangen werden.

1.6   Der erste Code

Bevor wir mit der Programmierung unserer ersten Codezeilen beginnen, müssen wir ein Projekt anlegen. Ein Projekt legen wir unter dem Menüpunkt „File", „New", „Java Project" an:

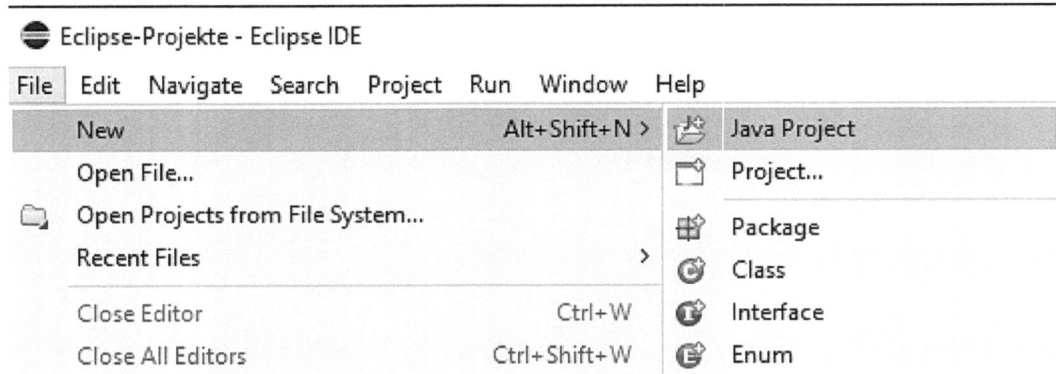

Im nächsten Fenster geben wir den Projektnamen oben im Fenster ein. Alle weiteren Einstellungen können wir unverändert lassen. Eine „module-info.java file" benötigen wir nicht, also deaktivieren wir diese Einstellung. Um das Projekt anzulegen, klicken wir auf „Finish":

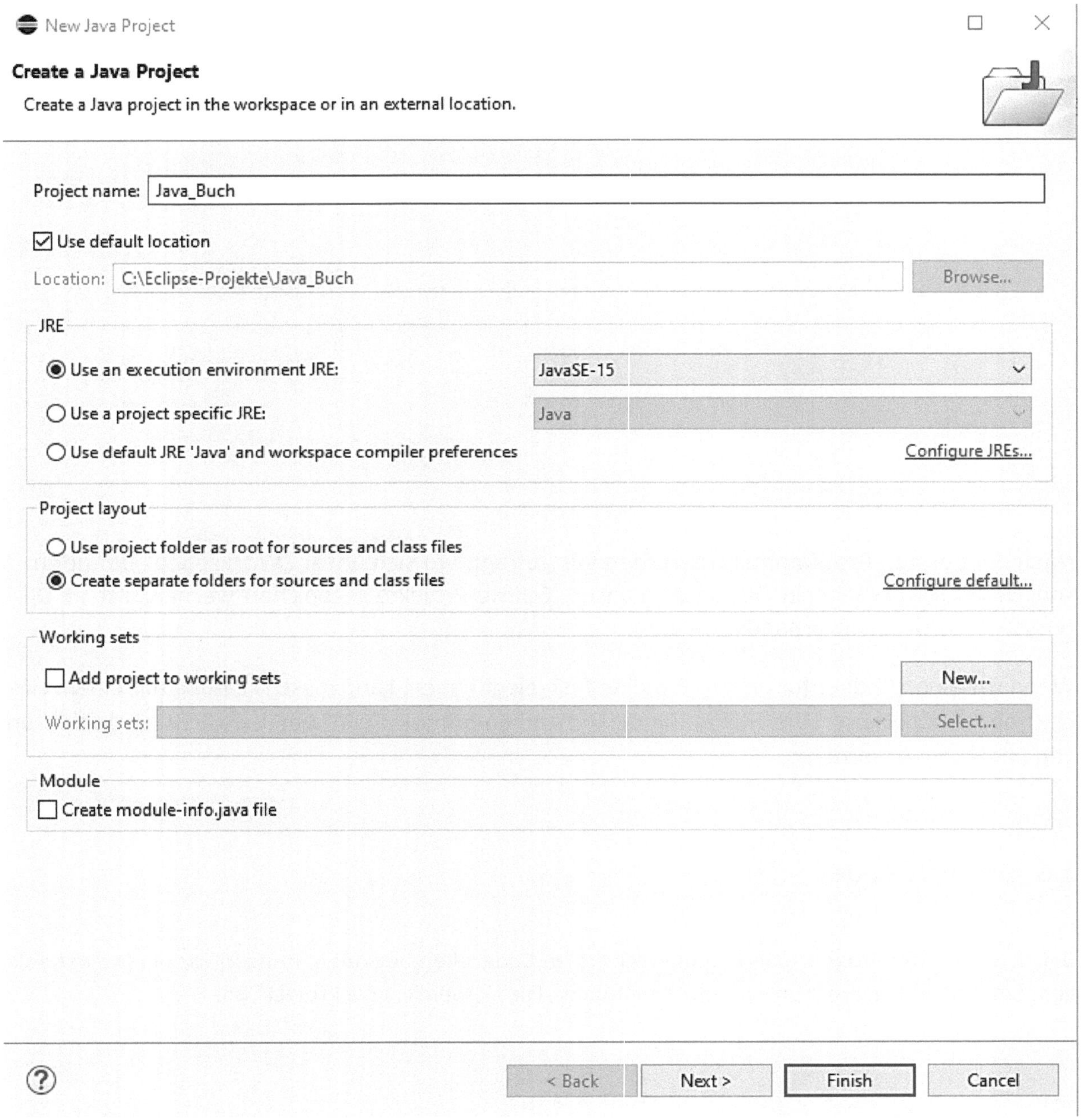

● New Java Project   □   ✕

Create a Java Project
Create a Java project in the workspace or in an external location.

Project name: | Java_Buch |

☑ Use default location

Location: | C:\Eclipse-Projekte\Java_Buch | Browse...

JRE

◉ Use an execution environment JRE: | JavaSE-15   ⌄ |

○ Use a project specific JRE: | Java   ⌄ |

○ Use default JRE 'Java' and workspace compiler preferences   Configure JREs...

Project layout

○ Use project folder as root for sources and class files

◉ Create separate folders for sources and class files   Configure default...

Working sets

☐ Add project to working sets   New...

Working sets: | ⌄ | Select...

Module

☐ Create module-info.java file

---

⑦   < Back   Next >   Finish   Cancel

Im linken Fenster der Entwicklungsumgebung stehen der Package Explorer und der Project Explorer, unter dem die Dateien unseres Projekts aufgelistet sind. Bis jetzt sind das die „JRE System Library" und der Ordner „src". Die JRE System Library enthält Dateien, die unser Programm funktionsfähig machen, muss aber von uns nicht weiter beachtet werden. Im Order src werden sich unsere Quellcode-Dateien befinden, die wiederum in Ordnern, sog. „packages" gespeichert werden. Die Java-Dateien sind in der Programmiersprache Java in Klassen programmiert. Klassen können sich auch in einem „default package" befinden, welches automatisch erstellt wird, wenn wir dem src-Ordner nicht selbst ein package hinzufügen. Empfehlenswert ist es aber, ein package (oder mehrere packages) selbst zu erzeugen, in dem (oder in denen) unsere Dateien gespeichert werden, u. a. auch deshalb, weil wir innerhalb von Dateien in verschiedenen packages auf Dateien in jeweils anderen packages zugreifen können.

Für unsere erste Java-Datei erstellen wir also zuerst ein package. Das können wir unter dem Menüpunkt „File", „New", „Package" oder mit Rechtsklick auf den src-Ordner unter dem Menüpunkt „New", „Package":

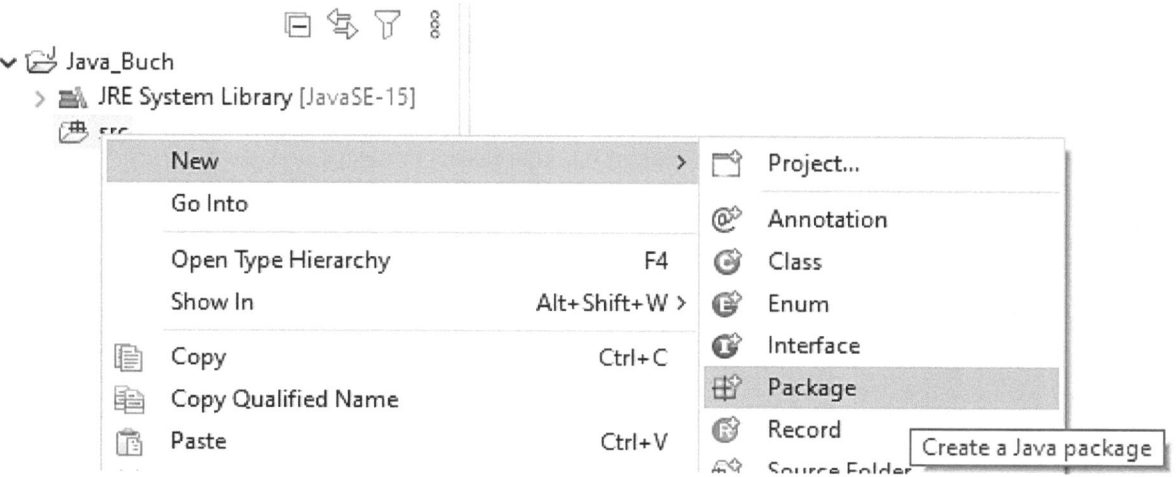

Anschließend geben wir den Namen unseres packages ein. Das package erstellen wir mit Klick auf den Button „Finish":

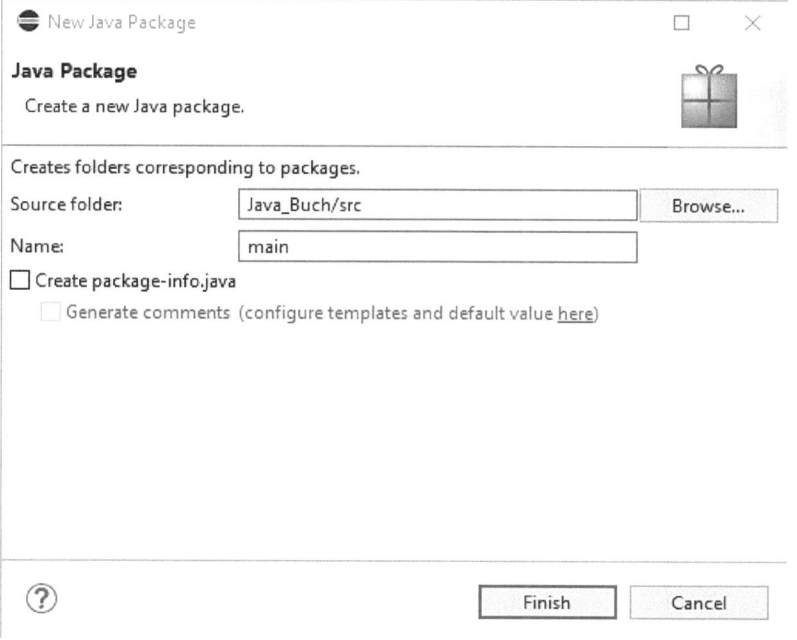

In unserem package „main" erstellen wir auf die gleiche Weise eine neue Klasse:

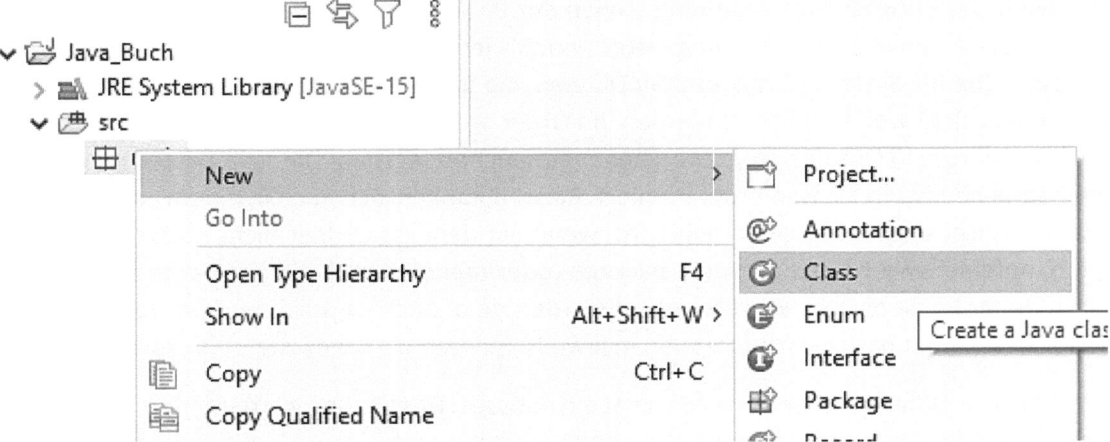

Anschließend geben wir auch hier den Namen unserer Klasse ein. Unsere Klasse, mit der wir die Programme in diesem Tutorial starten, nennen wir „Program". Alle weiteren Einstellungen können wir unbeachtet lassen. Wichtig an dieser Stelle ist die Möglichkeit, eine „public static void main" erzeugen zu lassen. Diese Methode ermöglicht es der Klasse, ein Programm zu starten. Wir wollen unsere Klasse „Program" zu einer ausführbaren Klasse machen und bestimmen deshalb, dass diese Methode erzeugt werden soll, indem wir das Häkchen neben diesen Punkt setzen:

Der Code, der sich in Klassen und Methoden befindet, wird in Java in geschweifte Klammern geschrieben. Die erste geschweifte Klammer markiert den Beginn des Codebereichs der Klasse „Program", die zweite den Codebereich der main-Methode. Die main-Methode befindet sich also im Programmblock der Klasse Program. Dieser Quellcode-Block ist eingerückt. Die Einrückungen sind hier nicht zwingend, aber sehr nützlich für die Lesbarkeit des Quellcodes, um gleich zu sehen, für welchem Programmblock ein Code erstellt wurde. Je umfangreicher das Programm ist, desto mehr Einrückungen werden genutzt, beispielsweise auch für Verzweigungen und Schleifen:

In der main Methode werden wir unsere Anweisungen, die das Programm ausführen soll, programmieren. Hierfür können wir uns so viele Leerzeilen „Platz" machen, wie wir wollen. Leere Codezeilen führen also nicht zu einer Fehlermeldung, sondern werden einfach übergangen.

Eine Zeile steht hier bereits im Quellcode, nämlich:

// TODO Auto-generated method stub

Hierbei handelt es sich nicht um einen ausführbaren Code, sondern um einen Kommentar (dazu später mehr). Diese Zeile Code können wir löschen.

Als kleine Aufwärmübung erstellen wir eine einfache Konsolenausgabe mit dem Befehl „System.out.println()". Anschließend schreiben wir in die runden Klammern das hinein, was ausgegeben werden soll. Das kann beispielsweise eine einfache Zahl oder ein Text sein. Wenn wir einen Text ausgeben wollen, muss dieser in Anführungszeichen gesetzt werden. Jede Codezeile wird mit einem Semikolon beendet. Das Ganze sieht dann so aus:

```
public static void main(String[] args)
{
        System.out.println("Willkommen im Java-Kurs!");
}
```

Wir speichern das Programm und führen es in der Konsole aus, indem wir den Start-Button in der Menüleiste klicken:

In der Konsolenausgabe unterhalb des Editors erscheint die Ausgabe, die wir in die println-Anweisung geschrieben haben.

Wir können prinzipiell so viele Ausgabeanweisungen programmieren und ausführen lassen, wie wir möchten. Eine weitere Ausgabeanweisung könnte hier wie folgt aussehen:

```
System.out.println("Immer auf die () achten!");
```

Wenn wir das Programm erneut ausführen, sehen wir, dass diese Ausgabeanweisung als zweite erfolgt (wenn wir diese nach der ersten Ausgabeanweisung programmiert haben). Die Ausführung des Programmes erfolgt also von oben nach unten.

Wichtig für die Programmierung sind auch Kommentare. Kommentare sind Zeilen im Quellcode, die nicht ausgeführt, also einfach übergangen werden und sind dafür gedacht, einen nachfolgenden Code zu erklären. Vor allem für umfangreichere Programme ist es sehr sinnvoll, Kommentare zu verwenden, um gleich zu beschreiben, was bestimmte Codeabschnitte genau machen sollen, bzw. wofür diese gedacht sind.

Einen Kommentar leiten wir mit zwei Schrägstrichen ein:

```
// Hier folgt eine weitere Ausgabe
System.out.println("Ein Kommentar wird mit zwei Schrägstrichen eingeleitet.");
```

Konsolenausgabe:

```
Willkommen im Java-Kurs!
Immer auf die () achten!
Ein Kommentar wird mit zwei Schrägstrichen eingeleitet.
```

Kommentare sind auch über mehrere Zeilen möglich. Mehrzeilige Kommentare beginnen mit Schrägstrich-Stern und enden mit Stern-Schrägstrich. Oberhalb unserer Konsolenausgaben könnte beispielsweise folgender mehrzeiliger Kommentar stehen:

```
/*
* Unser erstes Programm im Java-Kurs.
* Hier lernen wir, wie Konsolenausgaben funktionieren.
*/
```

Kommentare können auch dann Sinn machen, wenn wir einen Code als ungültig markieren, aber ihn nicht sofort löschen wollen, beispielsweise wenn wir nur einen Teil des Quellcodes eine Zeit lang ausprobieren wollen und dafür einen anderen Teil des Programmes „außen vor" lassen wollen. Wir kommentieren unsere ersten beiden Zeilen Code aus:

```
/*
System.out.println("Willkommen im Java-Kurs!");
System.out.println("Immer auf die () achten!");
*/
```

Konsolenausgabe:

```
Ein Kommentar wird mit zwei Schrägstrichen eingeleitet.
```

Hinweise:

- Der „System.out.println()"-Befehl kann auch durch Eingabe von „sysout" und STRG + Leertaste-Taste geschrieben werden.

- Nach Eingabe der Tastenkombination STRG + Leertaste erscheint ein Auswahlfenster, in dem zu einer Eingabe passende Befehle ausgesucht werden können. Mit der Pfeiltaste können wir in diesem Fenster nach oben und nach unten wandern, beispielsweise um eine bestimmte Klasse auszusuchen, wie hier nach Eingabe von „sys":

sys|

- syserr - print to standard error
- sysout - print to standard out
- systrace - print current method to standard out
- System - java.lang
- SysexMessage - javax.sound.midi
- SystemColor - java.awt
- SystemEventListener - java.awt.desktop
- SystemFlavorMap - java.awt.datatransfer
- SystemMenuBar - javax.swing.plaf.basic.BasicInternalFrameTit

2 Variablen

Variablen benötigen wir in unserem Programmcode immer dann, wenn wir Werte abspeichern müssen, beispielsweise wenn wir diese wiederverwenden und abändern wollen.

2.1 Deklaration und Initialisierung von Variablen

Bevor wir eine Variable in unserem Programm nutzen können, müssen wir diese deklarieren. Mit der Deklaration einer Variablen legen wir zunächst dessen Datentyp und anschließend dessen Namen fest. Wenn wir eine Variable so verwenden wollen, dass diese Ganzzahlen speichern und weiterverwenden kann, können wir dieser den Datentyp Integer, in der Kurzform „int" zuweisen:

```
int zahl;
```

Nachdem wir die Variable „zahl" deklariert haben, können wir diese nun initialisieren. Die Initialisierung einer Variablen bedeutet, dass wir dieser (erstmalig) einen passenden Wert zuweisen. Die Wertzuweisung erfolgt durch den Zuweisungsoperator, dem Gleichheitszeichen:

```
zahl = 12;
```

Den Wert der Variablen können wir beispielsweise in der Konsole ausgeben lassen:

```
System.out.println(zahl);
```

Die Deklaration und Initialisierung ist auch in nur einer Codezeile möglich:

```
int zahl = 12;
```

Den Wert der Variablen können wir nachträglich ändern, indem wir dieser einen neuen Wert zuweisen:

```
zahl = 5;
System.out.println(zahl);
```

Mehrere gleichartige Variablen lassen sich auch in einer Codezeile deklarieren, indem wir die einzelnen Variablen mit einem Komma voneinander trennen. Den jeweiligen Datentyp müssen wir zuerst festlegen. Dieser Datentyp gilt dann für alle Variablen:

```
int ersteZahl, zweiteZahl, dritteZahl;
```

Mehrere Variablen können auch in einer Codezeile gleichzeitig initialisiert werden:

```
int ersteZahl = 3, zweiteZahl = 5, dritteZahl = 7;
System.out.println(zweiteZahl);
```

Konsolenausgabe:

```
12
5
5
```

2.2 Primitive Datentypen

Die Programmiersprache Java bietet eine Vielzahl von Datentypen an, die wir für Variablen verwenden können. Die Datentypen unterscheiden sich einerseits vom Inhalt, den diese verarbeiten können, andererseits vom Wertebereich, der wiederum vom Speicherbedarf abhängt. Insbesondere bei Ganzzahlen werden die Unterschiede in den Wertebereichen deutlich. Je größer die Zahl sein kann, die der jeweilige Datentyp aufnehmen und verarbeiten kann, desto mehr Arbeitsspeicher verlangt diese Variable unserem Rechner ab.

Für Ganzzahlvariablen kann grundsätzlich der Datentyp „int" verwendet werden. Im Bereich der Fließkommazahlen empfiehlt sich grundsätzlich die Verwendung des Datentyps „double". Ansonsten kommt es darauf an, wofür wir eine Variable benötigen. Wenn wir beispielsweise ein einzelnes Zeichen speichern wollen, verwenden wir den Datentyp „char" einen Wahrheitswert verwenden wollen, nehmen wir den Datentyp boolean.

Die wichtigsten primitiven Datentypen sind die folgenden:

Ganze Zahlen	Speicherbedarf	Wertebereich
Byte	8 Bit	-128 bis 127
Short	16 Bit	-32.768 bis 32.767
Int	**32 Bit**	**-2.147.483.648 bis -2.147.483.647**
Long	64 Bit	−9.223.372.036.854.755.808 bis 9.223.372.036.854.755.807

Fließkommazahlen	Speicherbedarf	Genauigkeit
Float	32 Bit	einfach (7 Stellen)
Double	**64 Bit**	**doppelt (15 Stellen)**

Sonstige	Speicherbedarf	Wertebereich
Boolean	grds. 1 Bit	true / false
Char	16 Bit	Unicode-Zeichen

Die Programmiersprache Java ist sehr strikt in Bezug auf die Datentypen. Die Deklaration der Variablen muss mit dem richtigen Datentyp erfolgen, weil es ansonsten zu erheblichen Fehlern kommen kann.

2.3 Rechenoperatoren für Variablen

Operatoren verknüpfen zwei Werte miteinander, um mit diesen Werten eine „Operation" durchzuführen. Beispielsweise kennen wir den Begriff „Rechenoperation" auch aus der Mathematik.

Den Zuweisungsoperator („=") kennen wir schon, weil wir diesen für die Zuweisung eines Wertes an eine Variable benötigt haben. Die Rechenoperatoren aus der Mathematik, die sog. arithmetischen Operatoren +, -, X und / können wir im Rahmen der Berechnung von Werten für oder mit Variablen ebenfalls verwenden:

```
int ersteZahl, zweiteZahl;

ersteZahl = 3 + 5;
System.out.println(ersteZahl);
ersteZahl = 8 - 3;
System.out.println(ersteZahl);
ersteZahl = 10 * 2;
System.out.println(ersteZahl);
ersteZahl = 10 / 2;
System.out.println(ersteZahl);
```

Ein weiterer Rechenoperator ist der Modulo-Operator, mit dem sich der Restwert aus einer Division von zwei Zahlen ermitteln lässt. Mithilfe des Modulo-Operators kann sich beispielsweise leicht feststellen lassen, ob eine Zahl gerade ist (dann ergibt die Zahl Modulo 2 immer 0, ansonsten 1):

```
zweiteZahl = ersteZahl % 2;
System.out.println(zweiteZahl);
```

Einer Variablen können wir auch das Ergebnis aus einer Rechenoperation aus zwei anderen Variablen übergeben:

```
zweiteZahl = 10;
int ergebnis = ersteZahl + zweiteZahl;
System.out.println(ergebnis);
```

Alternativ können wir die Berechnung auch direkt im Rahmen der Konsolenausgabe durchführen lassen. In diesem Fall würden wir die Variable „ergebnis" nicht benötigen.

```
System.out.println(ersteZahl + zweiteZahl);
```

Wenn im Rahmen einer Konsolenausgabe zusätzlich Text enthalten ist, sollte die mathematische Operation insgesamt in Klammern geschrieben werden, da die Zahlen ansonsten bei der Addition einfach als verketteter Text nebeneinander geschrieben werden. Folgender Code liefert als Ergebnis „510":

```
System.out.println("Ergebnis: " + ersteZahl + zweiteZahl);
```

Der geänderte Code liefert das richtige Ergebnis „15":

```
System.out.println("Ergebnis: " + (ersteZahl + zweiteZahl));
```

Konsolenausgabe:

```
8
```

```
5
20
5
1
15
15
Ergebnis: 510
Ergebnis: 15
```

2.4 Selbstzuweisung

Eine Variable kann auch durch Verwendung ihres eigenen Wertes sich selbst einen neuen Wert zuweisen, bzw. ihren bisherigen Wert erhöhen oder absenken. Hierbei handelt es sich um ein sehr wichtiges Prinzip im Rahmen der Programmierung, das in vielen Situationen eingesetzt wird:

```
int zahl;
String text;

zahl = 10;
zahl = zahl + 1;
```

Der folgende Code bewirkt die Ausgabe der Zahl 11:

```
System.out.println(zahl);
```

Eine deutliche Verkürzung stellt die Nutzung des Zuweisungsoperators in der kombinierten Form mit einem arithmetischen Operator dar. Mit folgender Codezeile erhöhen wir die Zahl noch einmal um den Wert 1:

```
zahl += 1;
System.out.println(zahl);
```

Der Zuweisungsoperator kann mit jedem arithmetischen Operator in kombinierter Form genutzt werden. Um unsere Zahl zu verdoppeln, können wir folgenden Code nutzen:

```
zahl *= 2;
System.out.println(zahl);
```

Die kombinierte Zuweisung können wir auch für den Verkettungsoperator verwenden, also wenn wir Texte erweitern wollen:

```
text = "Unser Text";
text += " beinhaltet die Zahl: 22";
System.out.println(text);
```

Konsolenausgabe:

```
11
```

```
12
24
Unser Text beinhaltet die Zahl: 22
```

2.5 Der Datentyp char

Der Datentyp char eignet sich, um einzelne Zeichen abzuspeichern. Hierbei kann jedes beliebige Unicode-Zeichen, europäische und asiatische Zeichen, aufgenommen werden.

Ein einzelnes Zeichen wird einer char-Variablen <u>in einfachen Anführungszeichen</u> zugewiesen:

```
char erstesZeichen = 'A';
```

Ebenso kann einer char-Variablen ein Zeichen durch eine in einen char-Datentyp umgewandelte Zahl zugewiesen werden. Diese Zahl repräsentiert das entsprechende Zeichen nach Unicode-Tabelle. Dieser ordnet jedes Zeichen einer Zahl zu. Das Alphabet mit dem Großbuchstaben „A" beginnt hier bei der Zahl 65:

```
char zweitesZeichen = (char)65;
System.out.println(erstesZeichen);
System.out.println(zweitesZeichen);
```

Um das nächste Zeichen aus dem Unicode-Zeichensatz zu erhalten, kann das zweite Zeichen beispielsweise um den Wert 1 erhöht werden. Diesen Vorgang können wir beispielsweise mit einer Variablen für die Zahl realisieren:

```
int zeichenZahl = 65;
zweitesZeichen = (char)zeichenZahl;
System.out.println(zweitesZeichen);
zeichenZahl += 1;
```

Bei der nächsten Ausgabe erhalten wir den Buchstaben „B":

```
zweitesZeichen = (char)zeichenZahl;
System.out.println(zweitesZeichen);
```

<u>Konsolenausgabe:</u>

```
A
A
A
B
```

2.6 Der Datentyp String

Mit dem Datentyp String lassen sich ganze Texte in eine Variable speichern.

Im Gegensatz zu den Datentypen int, double oder char beispielsweise ist der Datentyp String kein einfacher Datentyp. Ein String verweist auf ein Objekt der Klasse „String". Das hat einige Konsequenzen, auf die wir noch genauer eingehen werden. Bei der Deklaration des Strings wird der Datentyp im Gegensatz zu den primitiven Datentypen deshalb auch großgeschrieben:

```
String text;
```

Die Initialisierung erfolgt durch die Zuweisung des Textes in doppelte Anführungszeichen:

```
text = "Unser Text";
System.out.println(text);
```

Den Text können wir mit dem +-Operator erweitern. Der +-Operator hat hierbei die Funktion als Verkettungsoperator und verbindet mehrere Zeichenketten miteinander:

```
text += " beinhaltet die Zahl: ";
System.out.println(text);
```

Ein String kann auch mit Werten anderer Datentypen verkettet werden, beispielsweise mit einer Zahl. Diese wird bei der Verkettung automatisch in einen String umgewandelt:

```
text += 22;
System.out.println(text);
```

Der String kann auch in der Konsolenausgabe erweitert werden. In diesem Fall wird nicht der String selbst, sondern nur die Ausgabe erweitert:

```
System.out.println(text + 44);
System.out.println(text);
```

Konsolenausgabe:

```
Unser Text
Unser Text beinhaltet die Zahl:
Unser Text beinhaltet die Zahl: 22
Unser Text beinhaltet die Zahl: 2244
Unser Text beinhaltet die Zahl: 22
```

2.7 Fließkommazahlen

Für Fließkommazahlen stehen uns die Datentypen float und double zur Verfügung. Die Datentypen unterscheiden sich vor allem in der Genauigkeit. Der Datentyp double ist beim Speichern von Fließkommazahlen doppelt genau wie der Datentyp float.

Wir erschaffen uns von beiden Datentypen jeweils eine Variable:

```
float einfachGenau;
double doppeltGenau;
```

Bei der Wertzuweisung gibt es zwei Dinge zu beachten. Unabhängig vom Datentyp werden Fließkommazahlen in der amerikanischen Schreibweise geschrieben. Statt einem Komma wird also ein Punkt verwendet. Wenn eine Fließkommazahl einer float-Variablen zugewiesen werden soll, muss außerdem an das Ende der Zahl ein kleines „f" oder ein großes „F" geschrieben werden:

```
einfachGenau = 3319922.39814477f;
doppeltGenau = 3319922.39814477;
```

Der Unterschied zwischen den Datentypen float und double macht sich im Rahmen der folgenden Ausgabeanweisungen bemerkbar. Die Anzahl der ausgegebenen Nachkommastellen ist dabei auch abhängig von der Größe der Zahl (vor den Nachkommastellen):

```
System.out.println(einfachGenau);
System.out.println(doppeltGenau);
```

Der Datentyp float hat eine Genauigkeit von 7 signifikanten Stellen, der Datentyp double erreicht eine Genauigkeit von 15 signifikanten Stellen.

Bei der Berechnung von Fließkommazahlen ist es wichtig, schon bei der Division selbst dafür zu sorgen, dass die Zahlen, mit denen gerechnet wird, auch Kommazahlen sind.

Folgender Code liefert das Ergebnis „2.0":

```
double kommaZahl;
kommaZahl = 5/2;
System.out.println(kommaZahl);
```

Wenn wir aber den Zähler oder de Nenner in unserer Division als Kommazahl bezeichnen, erhalten wir das Ergebnis 2.5:

```
kommaZahl = 5/2.0;
System.out.println(kommaZahl);

kommaZahl = 5.0/2;
System.out.println(kommaZahl);
```

Das gleiche Ergebnis liefert auch die Bezeichnung einer Zahl als float, indem ein „f" hinter eine der Zahlen geschrieben wird:

```
kommaZahl = 5/2f;
System.out.println(kommaZahl);
```

Konsolenausgabe:

```
3319922.5
3319922.39814477
```

```
2.0
2.5
2.5
2.5
```

2.8 Konsoleneingaben

Konsoleneingaben sind mithilfe der Klasse „Scanner" möglich. Die Klasse müssen wir in unser Programm importieren. Importanweisungen werden über den Klassennamen geschrieben:

```
import Java.util.Scanner;

public class Program {
```

Um die Befehle der Klasse „Scanner" nutzen zu können, müssen wir ein Objekt dieser Klasse erzeugen:

```
public static void main(String[] args) {
    Scanner s = new Scanner(System.in);
```

Die Eingabe ist eine Zeichenkette und somit in eine Variable des Datentyps String zu speichern:

```
    String text;
```

Wenn die Eingabe direkt rechts neben der Eingabeaufforderung (statt in der nächsten Zeile) erfolgen soll, müssen wir hierfür den „System.out.print"-Befehl verwenden (nicht „.println"):

```
    System.out.print("Bitte gib einen Text ein: ");
```

Konsoleneingaben, die als Text gespeichert werden sollen, lassen sich mit der „next"- oder der „next-Line"-Methode realisieren. Die „next"-Methode speichert nur das erste eingegebene Wort, die „next-Line"-Methode die ganze eingegebene Zeile:

```
    text = s.nextLine();
    System.out.println("Eingegeben wurde: " + text);
```

Weil die Eingabe vom Datentyp String sein muss, lässt sich mit dieser keine Rechenoperation durchführen. Wenn wir die Eingabe einer Ganzzahl ermöglichen wollen, müssen wir die „nextInt"-Methode verwenden:

```
    System.out.print("Bitte gib eine Ganzzahl ein: ");
    int zahl;
    zahl = s.nextInt();
    int ergebnis = zahl + 5;
    System.out.println("Zahl + 5: " + ergebnis);
```

Für die Eingabe einer Kommazahl des Datentyps double nutzen wir die Methode „nextDouble":

```
double kommaZahl;
System.out.print("Bitte gib eine Kommazahl ein: ");
kommaZahl = s.nextDouble();
double zweitesErgebnis = kommaZahl + 5.5;
System.out.println("Kommazahl + 5,5: " + zweitesErgebnis);
```

Hinweis: Die Kommazahl muss hier mit dem Komma, statt dem Punkt in die Konsole eingegeben werden (nicht in amerikanischer Schreibweise wie im Quellcode); ansonsten folgt eine Fehlermeldung.

Konsolenausgabe:

```
Bitte gib einen Text ein: Blabla Bla
Eingegeben wurde: Blabla Bla
Eingabe Ganzzahl:
12
Zahl + 5: 17
Bitte gib eine Kommazahl ein: 12,9
Kommazahl + 5,5: 18.4
```

2.9   Programmieraufgabe 1

Schreibe ein kleines Rechenprogramm.

Nach einer Begrüßungsausgabe soll das Programm bitten, eine Zahl einzugeben. Anschließend soll eine weitere Zahl eingegeben werden. Das Programm soll auch Kommazahlen verarbeiten können.

Das Programm soll im Anschluss folgende Berechnungsergebnisse der beiden Zahlen (1. Zahl + 2. Zahl, 1. Zahl – 2. Zahl, 1. Zahl X 2. Zahl und 1. Zahl / 2. Zahl) untereinander wie folgt ausgeben:

Summe: ...

Differenz: ...

Produkt: ...

Quotient: ...

Viel Spass und viel Erfolg !

2.10 Lösungsvorschlag Programmieraufgabe 1

Konsolenausgabe:

```
Willkommen im Rechenprogramm!
Bitte gib eine erste Zahl ein: 5,5
Bitte gib eine zweite Zahl ein: 3,3
Rechenergebnisse:
Summe: 8.8
Differenz: 2.2
Produkt: 18.15
Quotient: 1.6666666666666667
```

Code:

```
public static void main(String[] args) {

        Scanner s = new Scanner(System.in);
        double ersteZahl, zweiteZahl;

        System.out.println("Willkommen im Rechenprogramm!");

        System.out.print("Bitte gib eine erste Zahl ein: ");
        ersteZahl = s.nextDouble();

        System.out.print("Bitte gib eine zweite Zahl ein: ");
        zweiteZahl = s.nextDouble();

        System.out.println("Rechenergebnisse:");
        System.out.println("Summe: " + (ersteZahl + zweiteZahl));
        System.out.println("Differenz: " + (ersteZahl - zweiteZahl));
        System.out.println("Produkt: " + (ersteZahl * zweiteZahl));
        System.out.println("Quotient: " + (ersteZahl / zweiteZahl));

}
```

2.11 Variablen benennen

Variablen können auf unterschiedliche Arten und Weisen benannt werden. Hierfür existieren drei empfehlenswerte Varianten.

Empfehlenswert sind die CamelCase und die Snake_Case-Schreibweise:

```
int ersteZahl;
int erste_zahl;
```

Die CamelCase-Schreibweise wird manchmal auch in Kombination mit einem Präfix für den Datentyp verwendet, damit der Datentyp am Namen der Variablen erkannt werden kann:

```
int intErsteZahl;
```

Möglich, aber vor allem für Zahlvariablen nicht unbedingt empfehlenswert, ist die Verwendung einer Zahl im Namen der Variablen:

```
int zahl3;
zahl3 = 1 + 2;
```

Nicht möglich ist die Verwendung von Zahlen als erstes Zeichen, Sonderzeichen oder dem Punkt im Namen der Variablen:

```
int 1.zahl;
```

Hinweis: Umlaute sollten für die Namensgebung nicht verwendet werden, stattdessen „ae", „oe" und „ue".

2.12 String-Methoden

Java stellt uns eine Vielzahl von Methoden zur Verfügung, mit denen wir Zeichenketten verarbeiten können. Die wichtigsten dieser Methoden werden wir in den folgenden Codebeispielen nutzen.

Wir erschaffen uns hierfür zwei Variablen und weisen ihnen den Datentyp String zu. Der Variablen „text" weisen wir einen Text zu, die Variable „ausgabe" soll den Text in verarbeiteter Form speichern:

```
String text = "Heute scheint die Sonne.";
String ausgabe;
System.out.println(text);
```

Methoden werden nach Bezeichnung des Objekts, auf das sie sich beziehen, mit dem Punkt-Operator aufgerufen. Auf Methoden gehen wir noch in einer weiteren Lektion ein. Wichtig ist aber schon an dieser Stelle zu verstehen, dass Methoden einen Rückgabewert liefern können. Das kann ein String sein, aber auch beispielsweise eine Zahl oder ein Wahrheitswert.

Die Länge des Textes in Zeichen erhalten wir mit der „length"-Methode Diese liefert eine Zahl zurück. Es wäre hier also nicht möglich, den Rückgabewert direkt in die Variable „ausgabe" zu speichern:

```
System.out.println("Textlänge: " + text.length() + " Zeichen");
```

Mit der „substring"-Methode können Teile aus einem String entnommen werden. Die Methode gibt es in 2 Varianten. Die erste Variante gibt einen String zurück, der beginnend ab dem als Parameter übergebenen wievielten Zeichen abzüglich 1 den gesamten Text umfasst (das erste Zeichen wird mit 0 angegeben):

```
ausgabe = text.substring(5);
System.out.println(ausgabe);
```

Die zweite Variante gibt einen String, beginnend ab dem als Parameter übergebenen wievielten Zeichen abzüglich 1 bis einschließlich dem wievielten Zeichen, zurück (das 8. Zeichen als Endzeichen wird hier mit „8", nicht mit „7" angegeben):

```
ausgabe = text.SubString(5, 8);
System.out.println(ausgabe);
```

Mit den „startsWith"- und „endsWith"-Methoden können wir prüfen, ob ein Text mit einem bestimmten Zeichen oder einer Zeichenfolge endet. Wir erhalten hierbei den Rückgabewert „true" für richtig oder „false" für falsch:

```
System.out.println("Der Text startet mit 'H': " + text.startsWith("H"));
System.out.println("Der Text startet mit \"ne\": " + text.endsWith("ne."));
```

Wenn wir prüfen wollen, ob ein String ein bestimmtes Zeichen oder eine bestimmte Zeichenfolge enthält, können wir die „contains"-Methode verwenden. Die Methode liefert den Rückgabewert „true" oder „false" zurück:

```
System.out.println("Der Text enthält \"sch\": " + text.contains("sch"));
```

Die Prüfung können wir auch mit der „indexOf"-Methode vornehmen. Wenn die Zeichenkette vorhanden ist, wird hierbei die Stelle zurückgegeben, an der sich die Zeichenkette befindet, beginnend bei 0:

```
System.out.println("\"sch\" ist an der Stelle: " + text.indexOf("sch"));
```

Befindet sich die Zeichenkette nicht im String, wird als Ergebnis „-1" zurückgegeben.

Die „toUpperCase"-Methode wandelt den Text komplett in Großbuchstaben um:

```
ausgabe = text.toUpperCase();
System.out.println(ausgabe);
```

Die „toLowerCase"-Methode wandelt den Text komplett in Kleinbuchstaben um:

```
ausgabe = text.toLowerCase();
System.out.println(ausgabe);
```

Die „split"-Methode können wir nutzen, um einen Text in mehrere Teil-Texte zu trennen. Dabei wird der Methode eine Zeichenkette übergeben, die als Trennzeichen dient. Ab diesem Trennzeichen wird der Text jedes Mal in einen neuen Teil-Text aufgespalten. Wir bestimmen in unserem Beispiel das Leerzeichen als Trennzeichen.

Die Split-Methode gibt ein Array zurück (zu Arrays später mehr):

```
String[] woerter;
woerter = text.split(" ");
System.out.println("Erstes Wort im Satz: " + woerter[0]);
```

Zeichen in unserem Text können wir mit der „replace"-Methode ersetzen:

```
ausgabe = text.replace("e", "u");
System.out.println(ausgabe);
```

Strings vergleicht man mit der „equals"-Methode. Die Methode liefert den Rückgabewert „true" für richtig oder „false" für falsch und ist vor allem im Bereich der Kontrollstrukturen sehr wichtig:

```
System.out.println(text.equals("Heute scheint die Sonne."));
```

Konsolenausgabe:

```
Heute scheint die Sonne.
Textlänge: 24 Zeichen
 scheint die Sonne.
 sc
Der Text startet mit 'H': true
Der Text startet mit "ne": true
Der Text enthält "sch": true
"sch" ist an der Stelle: 6
HEUTE SCHEINT DIE SONNE.
heute scheint die sonne.
Erstes Wort im Satz: Heute
Huutu schuint diu Sonnu.
true
```

2.13 Programmieraufgabe 2

Erstelle einen Code, der das Ausgangswort

Ei_nlang7esw+ort

wie in der untenstehenden Abbildung in drei Schritten abändert.

Schritt 1:
Der Unterstrich, die Zahl 7 und das „+" müssen aus dem Wort entfernt werden.

Tipp: Mithilfe der replace-Methode können Zeichen auch durch einen Leer-String ersetzt (und damit gelöscht) werden.

Ergebnis: Einlangeswort

Schritt 2
Hier müssen an die richtigen Stellen die Leerzeichen eingefügt werden.

Ergebnis: Ein langes wort

Schritt 3:
Das letzte Wort soll großgeschrieben werden (aber nur der erste Buchstabe). Programmiere Schritt 3 so, dass das letzte Wort <u>unabhängig von der Anzahl der Zeichen</u> im gesamten String großgeschrieben wird.

Tipp: Mithilfe der split-Methode kannst du das dritte Wort im Satz unabhängig von der Anzahl der vorherigen Zeichen ansprechen und hieraus den erste Buchstaben entnehmen.

Ergebnis: Ein langes Wort

Viel Spass und viel Erfolg!

2.14 Lösungsvorschlag Programmieraufgabe 2

Konsolenausgabe:

```
Ausgangswort: Ei_nlang7esw+ort
Schritt 1: Einlangeswort
Schritt 2: Ein langes wort
Schritt 3: Ein langes Wort
```

Code:

```java
public static void main(String[] args) {

    String text = "Ei_nlang7esw+ort";
    System.out.println("Ausgangswort: " + text);

    text = text.replace("_", "");
    text = text.replace("7", "");
    text = text.replace("+", "");
    System.out.println("Schritt 1: " + text);

    text = text.substring(0, 3) + " " + text.substring(3, 9) + " " + text.substring(9, 13);
    System.out.println("Schritt 2: " + text);

    String[] woerter;
    woerter = text.split(" ");
    text = woerter[0] + " " + woerter[1] + " " + woerter[2].substring(0, 1).toUpperCase()
            + woerter[2].substring(1);
    System.out.println("Schritt 3: " + text);
}
```

2.15 Konstanten

Variablen können wir auch konstante Werte übergeben. Der Sinn und Zweck von Konstanten besteht darin, Werte zu verwenden, die wir im Programm selbst oder durch eine Nutzereingabe, o. ä., nicht mehr verändern können sollen. Hierfür verwenden wir im Regelfall Werte, die standardmäßig in bestimmter Weise festgelegt sind. Klassische Beispiele sind der Mehrwertsteuersatz oder die Zahl „Pi".

Eine Variable wird durch das Schlüsselwort „final" vor deren Datentyp zur Konstanten:

```
final double MWSTSATZ = 0.19;
```

Hinweis: Konstanten werden üblicherweise insgesamt großgeschrieben. Eine besondere Bedeutung hat diese Schreibweise für den Programmcode zwar nicht. Die Großschreibweise dient dazu, um Konstanten von einfachen Variablen optisch besser unterscheiden zu können.

Die Änderung des einmal festgelegten Wertes ist bei Konstanten nicht mehr möglich:

```
// Code führt zu Fehlermeldung:
MWSTSATZ = 0.16;
```

Ansonsten können wir Konstanten wie einfache Variablen verwenden, wie in folgendem Beispiel:

```
double nettoPreis, bruttoPreis;
nettoPreis = 20.35;
bruttoPreis = nettoPreis + nettoPreis * MWSTSATZ;

System.out.println("Nettobetrag: " + nettoPreis);
System.out.println("Enthaltene MwSt.: " + (nettoPreis * MWSTSATZ));
System.out.println("Bruttobetrag: " + bruttoPreis);
```

Konsolenausgabe:

```
Nettobetrag: 20.35
Enthaltene MwSt.: 3.8665000000000003
Bruttobetrag: 24.216500000000003
```

2.16 Typumwandlung (Casting)

In vielen Programmen ist es erforderlich, den Datentyp eines bestimmten Wertes oder einer Variablen in einen anderen Datentyp umzuwandeln, um den umgewandelten Wert weiterverarbeiten zu können. Man spricht hierbei auch von Typkonvertierung oder „type casting".

Man unterscheidet dabei zwischen impliziter und expliziter Typumwandlung.

Die Grundproblematik bei der Typumwandlung unter einfachen Datentypen besteht darin, dass diese unterschiedliche Wertebereiche haben. Beispielsweise können in eine short-Variable weniger große

Ganzzahlen gespeichert werden, als in eine int-Variable, in eine float-Variable weniger genaue Zahlen als in eine double-Variable.

Das bedeutet aber auch, dass der Speicher einer int-Variablen ausreicht, um einen Wert aufzunehmen, der in eine short-Variable gespeichert wurde. Deshalb ist es möglich, den Wert einer short-Variablen in eine integer-Variable zu konvertieren. Folgender Code funktioniert also:

```
// Implizite Typumwandlung
byte a = 12;
short b = a;
int c = b;
long d = c;
System.out.println(d);
```

Eine long-Variable - die Ganzzahl-Variable mit dem größtmöglichen Speicherplatz - kann auch in eine float-Variable umgewandelt werden (obwohl eine long-Variable mehr Speicher benötigt als eine float-Variable):

```
float e = d;
double f = e;
System.out.println(f);
```

Eine char-Variable kann in eine integer-Variable umgewandelt werden. Gespeichert wird die Zahl, für die das Zeichen im Unicode-Zeichensatz steht:

```
char zeichen = 'A';
int zahl = zeichen;
System.out.println(zahl);
```

Bei der impliziten Typumwandlung wird die Typkonvertierung nicht ausdrücklich im Quellcode angegeben, sondern erfolgt automatisch.

Die implizite Typumwandlung funktioniert „von unten nach oben", also vom kleineren in den jeweils größeren Wertebereich (eine Ausnahme bildet die Umwandlung von einer long- in eine float-Variable).

Umgekehrt funktioniert die implizite Typumwandlung nicht. Wir können keine long-Variable in eine int-Variable umwandeln; auch dann nicht, wenn der Wertebereich der int-Variablen ausreichen würde:

```
long x = 12;
int y = x;          // Typumwandlung funktioniert hier nicht
```

Dieses Problem können wir mit der expliziten Typumwandlung lösen. Bei der expliziten Typumwandlung wird die Umwandlung in den umzuwandelnden Typ ausdrücklich angewiesen. Hierbei spricht man auch vom Casting:

```
// Explizite Typumwandlung
long x = 12;
int y = (int)x;          // Typumwandlung funktioniert hier
System.out.println(y);
```

Die Umwandlung einer double- in eine float-Variable funktioniert hier ebenso:

```
double z = 12.5;
float zf = (float)z;
System.out.println(zf);
```

Bei der Umwandlung einer Kommazahl in eine Ganzzahl wird die umgewandelte Zahl nicht gerundet. Die Nachkommastellen werden abgeschnitten:

```
y = (int) z;
System.out.println(y);
```

Den Wertebereich der Datentypen müssen wir bei der Typumwandlung aber beachten:

```
short kleineZahl = 256;
byte kleinereZahl = (byte)kleineZahl;
System.out.println(kleinereZahl);
```

Die Typumwandlung führt hier dazu, dass der Wertebereich der byte-Variablen wieder vom unteren Ende ausgenutzt wird, also vom negativen Bereich neu gezählt wird. Die byte-Variable hat einen Wertebereich von 0 bis 255. Die Zuweisung des Wertes 256 führt dazu, dass der Variablen „kleinereZahl" der Wert 0 zugewiesen wird.

Konsolenausgabe:

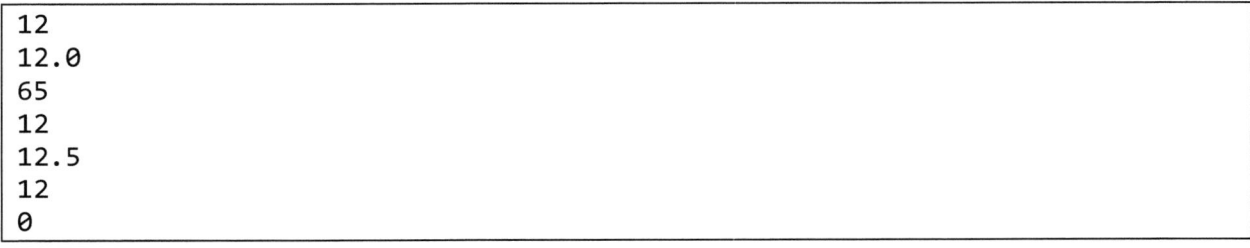
```
12
12.0
65
12
12.5
12
0
```

3 Objektorientierung I

Objektorientierte Programmierung ist ein Denkansatz, der sich grundsätzlich von der prozeduralen Programmierung unterscheidet.

Hintergrund ist der, dass durch den Quellcode die reale Welt abgebildet werden soll, die sich aus Objekten zusammensetzt. Beispielsweise der Stuhl, auf dem wir sitzen oder der PC, an dem wir arbeiten, der Tisch, auf dem der Monitor steht, usw.

Diese Objekte haben Eigenschaften und Methoden, mit denen diese Objekte etwas anfangen können. Beispielsweise hat ein Stuhl meistens die Eigenschaft, vier Beine zu haben und entweder gepolstert oder nicht gepolstert zu sein.

Die objektorientierte Programmierung bietet einige Vorteile, vor allem die Wartbarkeit und Wiederverwendbarkeit durch die Erstellung von Klassen, von denen wiederum einfach Objekte erzeugt werden können, die schließlich alle Eigenschaften und Methoden der Klasse haben, ohne dass diese jedes Mal neu programmiert, bzw. geändert werden müssten. Durch dieses Prinzip kann bei umfangreicheren Programmen der Code deutlich verschlankt und übersichtlicher gestaltet werden. Das wird beispielsweise durch die Vererbung ebenfalls ermöglicht.

Die Programmiersprache Java ist objektorientiert. Das sehen wir schon daran, dass die „main"-Methode, von der aus das Programm startet, in eine Klasse – hier die Klasse „Program" – eingebunden ist.

In diesem Abschnitt beginnen wir mit den absoluten Grundlagen der objektorientierten Programmierung. In einem weiteren Abschnitt werden die Kenntnisse zur objektorientierten Programmierung erweitert und vertieft.

3.1 Klassen und Objekte

Der Grundbaustein der objektorientierten Programmierung ist die Klasse.

Eine Klasse kann man sich wie einen Bauplan vorstellen, aus dem Objekte erzeugt werden. Jedes Objekt einer Klasse hat die Eigenschaften und Methoden einer Klasse.

Zur Erinnerung: Eine Klasse erstellen wir für unser „package", besser gesagt in der Weise, dass sich diese in unserem package befinden wird. Dazu gehen wir mit dem Cursor auf unser package „main" und wählen nach dem Rechtsklick auf dieses package unter dem Reiter „New" den Menüpunkt „Class" aus:

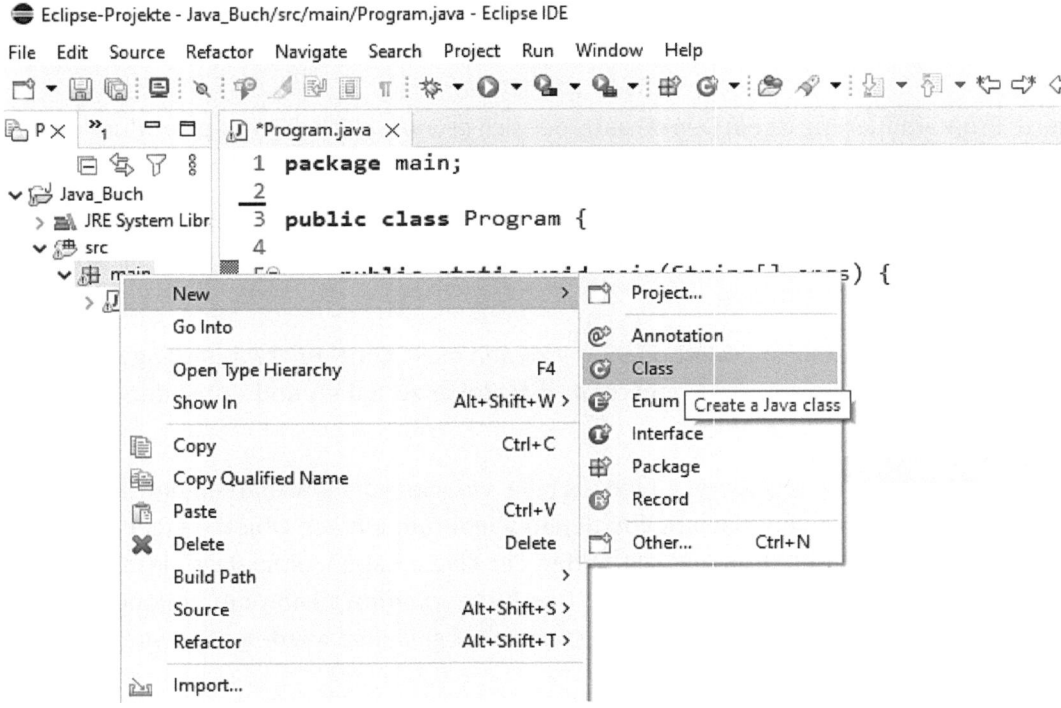

Anschließend öffnet sich ein Fenster, in dem wir den Namen der Klasse bestimmen:

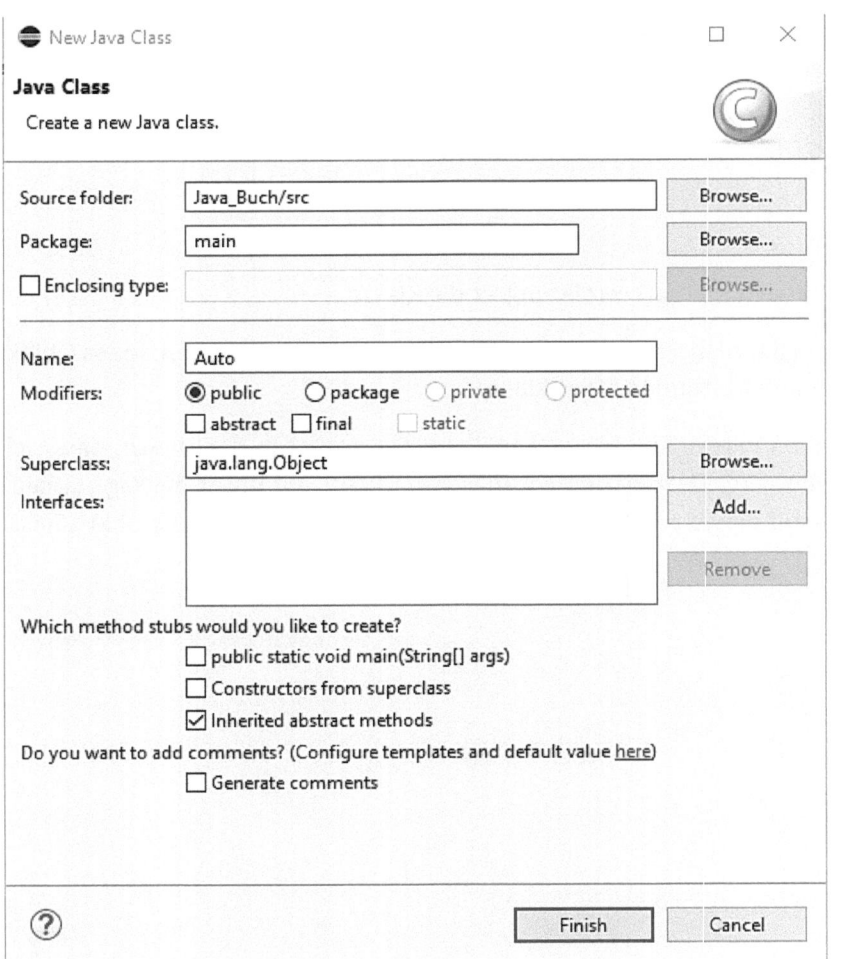

Wir erstellen eine Klasse für unser Programm, die ein Auto abbilden soll. Wie sich aus dem neu geöffneten Fenster ergibt, wird sich diese Klasse in unserem package „main" befinden. Die neue Klasse soll keine „public static void main" beinhalten, weil diese Klasse unser Programm nicht von sich aus starten können soll (das soll nur die Klasse „Program" können).

Die neu erstellte Klasse wird mit dem Schlüsselwort „class" definiert und ist konkret eine weitere Datei in unserem Programmordner mit folgendem Code:

```
package main;

public class Auto {

}
```

In der Entwicklungsumgebung Eclipse können wir durch Klick auf den entsprechenden Reiter in die Quellcodes der einzelnen Klassen wechseln:

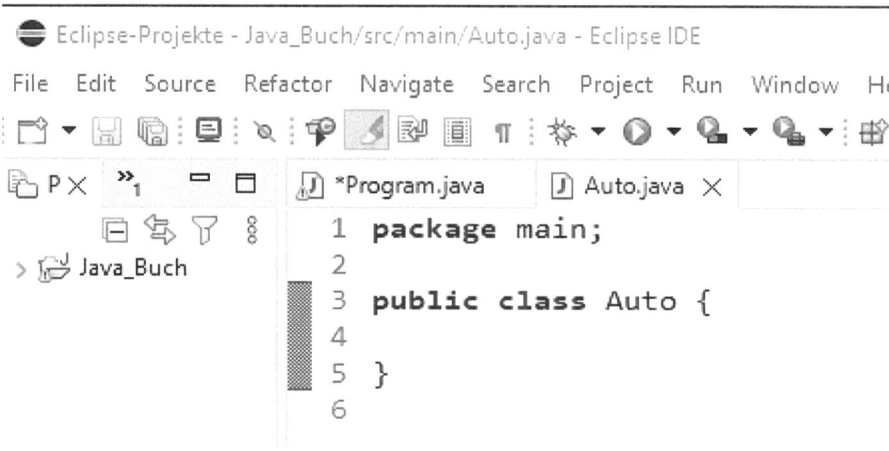

Im Rahmen der main-Methode der Klasse „Program" (nicht in der Klasse „Auto") erzeugen wir nun ein Objekt der Klasse Auto:

```
public static void main(String[] args) {
    Auto erstesAuto = new Auto();
```

Grundsätzlich nennt man das Objekt einer Klasse auch wie die Klasse selbst, nur kleingeschrieben. In diesem Fall würde der Code so aussehen:

```
    Auto auto = new Auto();
```

Für den Anfang ist es aber verständlicher, das Objekt zunächst etwas anders zu nennen. Außerdem könnte unser Programm auch mehrere Auto-Objekte, beispielsweise „zweitesAuto", „drittesAuto", usw., erzeugen.

In unserem Code haben wir genau genommen zwei Schritte unternommen.

1. haben wir einen Objektverweis auf die Klasse Fahrzeug erzeugt: **Auto erstesAuto;**

2. haben wir eine Instanz der Klasse Fahrzeug erzeugt: **erstesAuto = new Auto();**

Hier besteht eine Ähnlichkeit zur Deklaration und Initialisierung von Variablen, bei denen man diese beiden Schritte ebenfalls oft zusammenfasst.

3.2 Eigenschaften

Unsere Klasse werden wir nun „mit Leben füllen", indem wir damit beginnen, für diese Klasse bestimmte Eigenschaften zu programmieren. Die Eigenschaften einer Klasse werden auch Attribute genannt. Diese Attribute werden automatisch an jedes Objekt übergeben, das von dieser Klasse erzeugt wird.

Für ein Auto können Eigenschaften wie beispielsweise die Marke, das Modell, das Baujahr oder der Preis wichtig sein. Prinzipiell können für eine Klasse natürlich auch eine Vielzahl weiterer Attribute festgelegt werden, aber wir beschränken uns an dieser Stelle auf die wichtigsten.

Die Attribute einer Klasse sind Objektvariablen und daher fast wie einfache Variablen, die wir bereits aus der Nutzung im Rahmen der main-Methode kennen, zu deklarieren. Bei Objektvariablen gibt es aber einen wesentlichen Unterschied. Wir deklarieren im Rahmen unserer Klasse „Auto" die erste Eigenschaft „marke". Da diese aus einer Zeichenkette besteht, schreiben wir:

```
class Auto {
    public String marke;
}
```

In der main-Methode der Klasse „Program" können wir mit dem Punkt-Operator auf die Eigenschaft „marke" zugreifen:

```
public static void main(String[] args) {
    Auto erstesAuto = new Auto();
    erstesAuto.marke = "Volkswagen";
    System.out.println(erstesAuto.marke);
```

Konsolenausgabe:

```
Volkswagen
```

Im Gegensatz zu den bisher genutzten Variablen werden Objektvariablen mit einem Zugriffsmodifizierer deklariert. Dieser sollte bei Objektvariablen grundsätzlich „private" sein. Das bedeutet, dass von außerhalb der Klasse nicht auf dieses Objekt zugegriffen werden kann. Das hat den Hintergrund, dass die Daten einer Klasse geschützt sein sollen. Dieses Prinzip nennt man Datenkapselung. Nach diesem Prinzip können wir weitere Eigenschaften wie folgt festlegen:

```
public class Auto {
    public String marke;
    private String modell;
    private int baujahr;
    private double preis;
```

```
}
```

In der main-Methode können wir jetzt nur auf die Eigenschaft „marke" zugreifen. Folgender Code könnte damit nicht ausgeführt werden:

```
public static void main(String[] args) {
    ...
    erstesAuto.modell = "Golf";
```

Grundsätzlich ist es gewollt, dass auf Attribute außerhalb der Klasse nicht direkt zugegriffen werden kann. Wir ändern den Zugriffsmodifizierer der Eigenschaft „marke" in „private" und löschen die Zugriffe auf die Eigenschaften in der main-Methode.

Der Zugriff soll von jetzt an nur über Methoden der Klasse, in der diese Daten gespeichert sind, erfolgen. Hierzu kommen wir in einer weiteren Lektion.

3.3 Methoden

Objekte können über Methoden verfügen. Hierbei können zwei grundsätzlich verschiedene Methoden-Varianten unterschieden werden. Methoden haben folgende Syntax:

Zugriffsmodifikator Rückgabetyp Name (ggf. Parameter) {
    Implementierung (Anweisungen)
}

Die Methode verfügt über eine Deklaration, den „Kopfteil" der Methode und der Implementierung, den Teil der Methode, in dem die Codeanweisungen stehen. Das wesentliche Unterscheidungsmerkmal zwischen beiden Methoden-Varianten ist die Frage, ob es einen Rückgabewert geben soll.

Die Methode ohne Rückgabewert wird bei ihrem Aufruf etwas erledigen. Weil diese keinen Rückgabewert liefert, wird diese Methode mit dem Schlüsselwort „void" definiert. In unserem Fall könnte das Auto zum Beispiel hupen:

```
public class Auto {
    ...
    public void hupen() {
        System.out.println("Mieeep!");
    }
}
```

Methoden sind grundsätzlich öffentlich, damit auf diese von außerhalb der Klasse zugegriffen werden kann, werden also mit dem Schlüsselwort „public" definiert.

Die Methode mit Rückgabewert unterscheidet sich dadurch, dass diese im Methodenkopf den Rückgabetyp angibt und zwingend eine „return-Anweisung" beinhalten muss. Die return-Anweisung muss mit dem Datentyp im Kopf der Methode übereinstimmen:

```
public class Auto {
    ...
    public String radioWeihnachten() {
        return "Last Christmas";
    }
}
```

Unterschiede ergeben sich nicht nur bei der Methodendeklaration und -implementierung, sondern auch beim Aufruf der Methoden. Die Methode „hupen" kann hier isoliert in der main-Methode der Klasse „Program" aufgerufen werden:

```
public static void main(String[] args) {
    ...
    erstesAuto.Hupen();
}
```

Ein Aufruf der „radioWeihnachten"-Methode würde in isolierter Form nichts nützen:

```
erstesAuto.radioWeihnachten();
```

Im Zusammenhang mit einer Ausgabeanweisung wird der Rückgabewert sinnvoll genutzt:

```
System.out.println("Es ist Heilig Abend. Im Radio läuft folgender Song: "
                + erstesAuto.radioWeihnachten());
```

Methoden mit Rückgabewerten werden häufig verwendet, um das Ergebnis einer Berechnung zu erhalten oder beispielsweise den Status einer Objekteigenschaft abzufragen.

Methoden können Parameter verwenden. Parameter sind Werte, die einer Methode übergeben werden müssen, damit diese im Rahmen der Implementierung genutzt werden. Unser Auto könnten wir beispielsweise über eine Methode lackieren. Als Parameter können wir dieser Methode die Farbe übergeben, in der unser Auto lackiert werden soll. Parameter werden in die runden Klammern mit dem Datentyp und dem Namen des Parameters definiert:

```
public void lackieren(String farbe) {
    System.out.println("Das Auto hat jetzt die Farbe: " + farbe);
}
```

Parameter sind nur im Rahmen der Methode verwendbar. Außerhalb der Methode „lackieren" kann der Parameter „farbe" nicht genutzt werden.

Methoden können auch mehrere Parameter verwenden:

```
public void tanken(double liter, String kraftstoff) {
    System.out.println(liter + " Liter " + kraftstoff + " wurden getankt.");
}
```

Die Methoden können wir wie folgt aufrufen:

```
public static void main(String[] args) {
```

```
        ...
        erstesAuto.lackieren("hellblau");
        erstesAuto.tanken(31.9, "Benzin, Super Plus");
}
```

Konsolenausgabe:

```
Mieeep!
Es ist Heilig Abend. Im Radio läuft folgender Song: Last Christmas
Das Auto hat jetzt die Farbe: hellblau
31.9 Liter Benzin, Super Plus wurden getankt.
```

3.4 Datenkapselung

Unser Auto verfügt über vier verschiedene Attribute, die bisher noch nicht angesprochen werden können. Auf diese Attribute soll von außerhalb der Klasse nicht direkt, sondern nur über Methoden zugegriffen werden können. Damit sind diese Attribute vor einem Zugriff geschützt. Dieses für die objektorientierte Programmierung sehr wichtige Prinzip nennt sich Datenkapselung.

Diese Methoden werden „getter"- und „setter"-Methoden genannt und für jedes Attribut programmiert. Die getter- und setter-Methoden heißen so wie das jeweilige Attribut, auf das diese sich beziehen, wobei zur getter-Methode ein „get" und zur setter-Methode ein „set" vorangestellt wird. Zwingend ist das nicht, aber sehr üblich. Wir sollten uns an diese Konvention halten, damit wir schon direkt im Code sehen, dass diese Methoden nur dafür da sind, die Attribute zugänglich zu machen.

Die Attribute in unserer Klasse „Auto" sollten alle als „private" deklariert und damit nur über Methoden von außerhalb dieser Klasse zugänglich sein:

```
public class Auto {
        private String marke;
        private String modell;
        private int baujahr;
        private double preis;
```

Die Kapselung der Eigenschaft „marke" wird wie folgt realisiert:

```
public class Auto {
        ...
        public String getMarke() {
            return marke;
        }
        public void setMarke(String marke) {
            this.marke = marke;
        }
```

Mit dem Schlüsselwort „this" wird das Objekt angesprochen. Im Rahmen der setter-Methoden sorgt „this" dafür, dass das Attribut des Objekts angesprochen wird und nicht nur der Parameter, der in diesem Fall den gleichen Namen hat. Der Code „marke = marke" wäre für den Compiler nicht eindeutig, da mit „marke" an sich nur der Parameter gemeint ist.

Es ist nicht zwingend, getter- <u>und</u> setter-Methoden zu bestimmen. Es kann auch gewollt sein, dass bestimmte Eigenschaften nur über eine getter-Methode, aber über keine setter-Methode verfügen, beispielsweise wenn wir diese nicht veränderbar machen wollen.

Tipp: In der Entwicklungsumgebung Eclipse können getter- und setter-Methoden für die jeweiligen Attribute mit ein paar Mausklicks erstellt werden; unter dem Menüpunkt „Source" im Untermenü „Generate Getters and Setters...". Im nächsten Fenster können die jeweiligen Attribute ausgewählt und die Erzeugung von getter- und/oder setter-Methoden bestimmt werden (was viel Schreibarbeit erspart und Fehler vermeidet...):

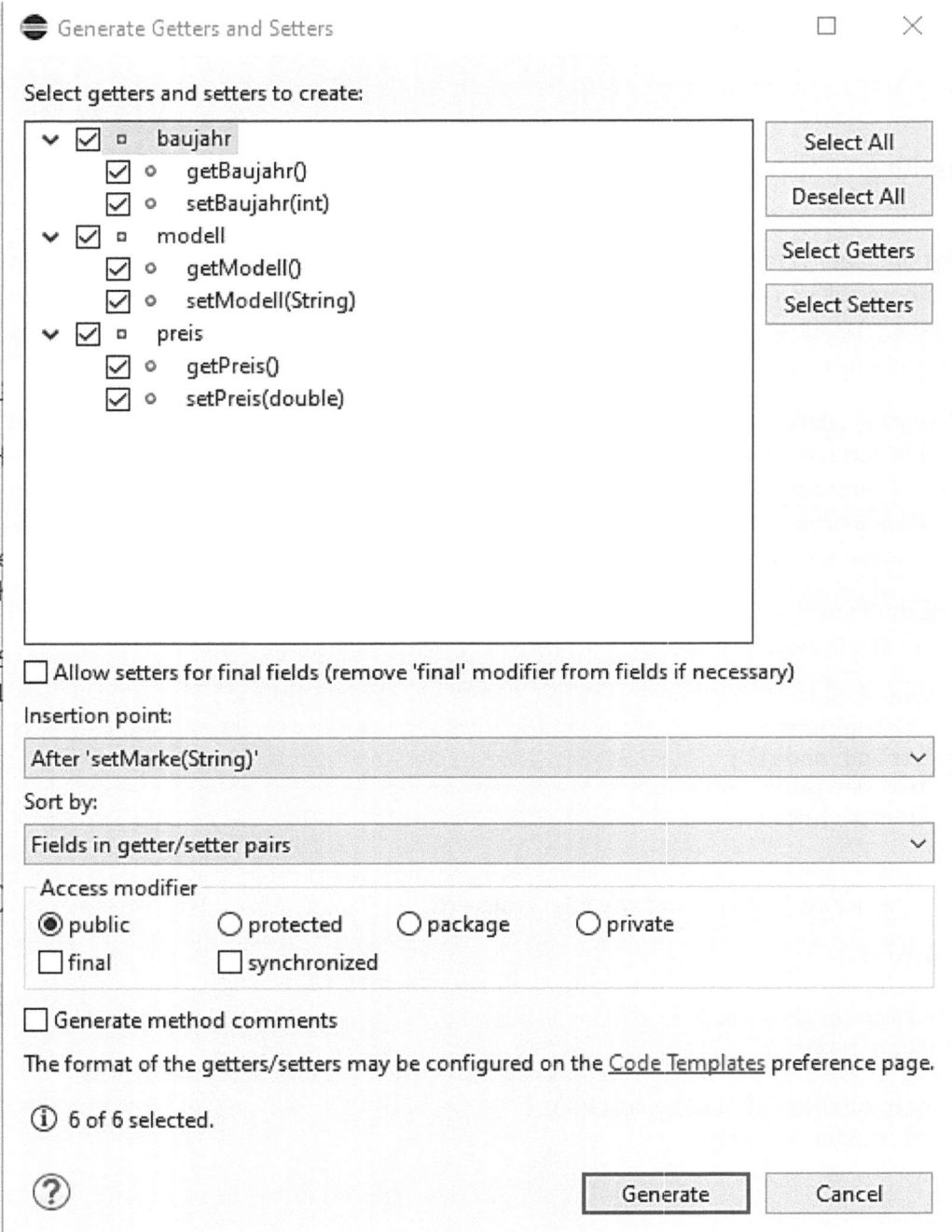

In der main-Methode der Klasse „Program" können wir die Eigenschaften wie folgt bestimmen und auf diese zugreifen:

```
public static void main(String[] args) {

        Auto erstesAuto = new Auto();

        erstesAuto.setMarke("Volkswagen");
        erstesAuto.setModell("Golf");
        erstesAuto.setBaujahr(2013);
        erstesAuto.setPreis(11500);

        System.out.println("Marke: " + erstesAuto.getMarke() + "\n"
                    + "Modell: " + erstesAuto.getModell() + "\n"
                    + "Baujahr: " + erstesAuto.getBaujahr() + "\n"
                    + "Preis: " + erstesAuto.getPreis() + " Euro");
```

Konsolenausgabe:

```
Marke: Volkswagen
Modell: Golf
Baujahr: 2013
Preis: 11500.0 Euro
```

3.5 Der Konstruktor

Konstruktoren sind ein besonderer Typ von Methoden; man spricht auch von Konstruktormethoden. Konstruktormethoden tragen immer den Namen der Klasse, in der sie definiert werden. Konstruktormethoden enthalten keinen Rückgabetyp, auch nicht das Schlüsselwort „void" für keinen Rückgabetyp, da mit Konstruktoren nur Objekte erzeugt werden können. Konstruktoren können wir beispielsweise programmieren, um Objekte schon bei deren Erzeugung mit Werten zu versehen oder auch um bei Erzeugung eines Objektes bestimmte Anweisungen ausführen zu lassen.

Einen Konstruktor für die Klasse Auto können wir wie folgt definieren:

```
public class Auto {
        ...
        private double preis;

        public Auto() { }

        public void hupen() {
        ...
}
```

Bei diesem Konstruktor fehlt bislang jede Implementierung. Der Anweisungsteil ist in diesem Fall leer, ebenso die Parameterliste. Hierbei spricht man von einem Leer-Konstruktor. Diesen Leer-Konstruktor hat eine Klasse automatisch, ohne dass wir einen Konstruktor überhaupt definieren müssen und ohne dass dieser im Code sichtbar ist. Für die Erzeugung des Objekts ergibt sich hier noch kein Unterschied.

Unseren Konstruktor können wir beispielsweise so programmieren, dass bei der Erzeugung eines Autos die Attribute Marke, Modell und Baujahr gleich festgelegt werden müssen:

```
public Auto(String marke, String modell, int baujahr, double preis) {
    this.marke = marke;
    this.modell = modell;
    this.baujahr = baujahr;
    this.preis = preis;
}
```

Bei der Erzeugung eines neuen Auto-Objekts über diesen Konstruktor müssen wir die Eigenschaften sofort angeben:

```
public static void main(String[] args) {
    Auto zweitesAuto = new Auto("Opel", "Astra", 2014, 10500);
    System.out.println("Zweites Auto: " + zweitesAuto.getMarke()
                       + " " + zweitesAuto.getModell());
}
```

Konstruktoren können alle Attribute des Objekts oder auch nur bestimmte Attribute des Objekts entgegennehmen. Wenn der Konstruktor zwingend mit der Übergabe von Attributen programmiert wird, müssen bei der Erzeugung des Objekts auch diese Attribute bestimmt werden. Die Erzeugung des ersten Auto-Objekts ohne festgelegte Eigenschaften funktioniert damit nicht mehr. Wenn nämlich ein Konstruktor mit definierten Parametern programmiert wurde, gibt es den standardmäßig vorhandenen Leer-Konstruktor nicht mehr. Diesen können wir aber ausdrücklich in der Klasse als weiteren Konstruktor programmieren:

```
public Auto() { }
```

In diesem Fall kann wieder ein Objekt der Klasse Auto erzeugt werden, ohne dass dabei gleichzeitig Attribute bestimmt werden müssen.

Wenn wir bei vorhandenen Konstruktoren mit vordefinierten Parametern wollen, dass auch ein Objekt ohne festgelegte Attribute erzeugt werden kann, muss ein Leer-Konstruktor ausdrücklich definiert werden. Für eine Klasse können beliebig viele Konstruktoren definiert werden. Es kann auch gewollt sein, dass kein Leer-Konstruktor vorhanden ist, sondern bestimmte Werte eingegeben werden müssen. Das hängt von der Programmlogik ab. Beispielsweise kann auch vorgesehen sein, dass die Attribute Marke, Modell und Baujahr bei der Erzeugung eines Auto-Objekts unbedingt angegeben werden müssen, aber nachträglich nicht mehr geändert werden können. Dazu müssten wir auch die setter-Methoden zu diesen drei Attributen aus dem Code entfernen.

Konsolenausgabe:

```
Zweites Auto: Opel Astra
```

Der vollständige Code der Klasse „Auto", unterteilt nach Attributen, Konstruktoren, Methoden und getter/settern sieht am Ende so aus:

```
public class Auto {

    // Attribute
    private String marke;
```

```java
    private String modell;
    private int baujahr;
    private double preis;

    // Konstruktoren
    public Auto() { }
    public Auto(String marke, String modell, int baujahr, double preis) {
        this.marke = marke;
        this.modell = modell;
        this.baujahr = baujahr;
        this.preis = preis;
    }

    // Methoden
    public void hupen() {
        System.out.println("Mieeep!");
    }
    public String radioWeihnachten() {
        return "Last Christmas";
    }
    public void lackieren(String farbe) {
        System.out.println("Das Auto hat jetzt die Farbe: " + farbe);
    }
    public void tanken(double liter, String kraftstoff) {
        System.out.println(liter + " Liter " + kraftstoff + " wurden ge-
tankt.");
    }

    // getter/ setter
    public String getMarke() {
        return marke;
    }
    public void setMarke(String marke) {
        this.marke = marke;
    }
    public String getModell() {
        return modell;
    }
    public void setModell(String modell) {
        this.modell = modell;
    }
    public int getBaujahr() {
        return baujahr;
    }
    public void setBaujahr(int baujahr) {
        this.baujahr = baujahr;
    }
    public double getPreis() {
        return preis;
    }
    public void setPreis(double preis) {
        this.preis = preis;
    }
}
```

3.6 Programmieraufgabe 3

Teil 1:

Erstelle eine Klasse „Hund" mit den Eigenschaften Rasse, Name und Alter. Alle Eigenschaften sollen gekapselt werden. Sorge durch entsprechende Programmierung des Konstruktors dafür, dass bereits bei Erzeugung jedes Hund-Objekts zwingend alle Eigenschaften angegeben werden müssen. Der Hund soll über eine Methode „bellen" verfügen, die eine Konsolenausgabe („Wuff!") erzeugt.

Erzeuge in der Klasse „Program" ein Hund-Objekt. In einer Konsolenausgabe soll das Hund-Objekt seinen Namen, seine Rasse und sein Alter in einem Satz mitteilen. Anschließend soll der Hund bellen.

Teil 2:

Erstelle eine Klasse „Berechnungen". Die Klasse soll über keine Eigenschaften verfügen, sondern lediglich über eine Methode „pythagoras". Diese Methode soll die Fläche der Hypotenuse im Quadrat (Seite c im Quadrat) eines rechtwinkligen Dreiecks aus den ihr übergebenen Werten (Seite a und Seite b) zurückgeben.

Satz des Pythagoras: $a^2 + b^2 = c^2$

Parameter der Methode: a und b (jeweils als Gleitkommazahlen)

Rückgabewert der Methode: c^2 (als Gleitkommazahl)

Nachdem die Klasse programmiert wurde, teste die Methode „pythagoras".

Viel Spass und viel Erfolg!

3.7 Lösungsvorschlag Programmieraufgabe 3

Konsolenausgabe:

```
Hallo, ich bin ein Dalmatiner. Mein Name ist Ballu und ich bin 3 Jahre alt.
Wuff!
15.25
```

Code:

```
public class Program {

    public static void main(String[] args) {

        Hund hund1 = new Hund("Dalmatiner", "Ballu", 3);
        System.out.println("Hallo, ich bin ein " + hund1.getRasse() + ".
Mein Name ist "
                            + hund1.getName() + " und ich bin " + hund1.ge-
tAlter()
                            + " Jahre alt.");
        hund1.bellen();

        Berechnungen b = new Berechnungen();
        System.out.println(b.pythagoras(3, 2.5)); }
}

public class Hund {

    public String rasse;
    public String name;
    public int alter;

    public Hund(String rasse, String name, int alter) {
        this.rasse = rasse;
        this.name = name;
        this.alter = alter;
    }

    public void bellen() {
        System.out.println("Wuff!");
    }

    public String getRasse() {
        return rasse;
    }
    public void setRasse(String rasse) {
        this.rasse = rasse;
    }
    public String getName() {
        return name;
    }
    public void setName(String name) {
        this.name = name;
    }
    public int getAlter() {
        return alter;
    }
    public void setAlter(int alter) {
        this.alter = alter;
    }
}

public class Berechnungen {

    public double pythagoras(double a, double b) {
        return a * a + b * b;
    }
```

```
}
```

4 Kontrollstrukturen

Ein Programm wird erst dann flexibel und interaktiv, wenn es die Möglichkeit bietet, für bestimmte Situationen bestimmte Folgen vorzusehen oder bestimmte Anweisungen auch mehrfach ausführen kann, solange oder bis eine bestimmte Bedingung eingetreten ist.

Hierfür benötigen wir Kontrollstrukturen. Kontrollstrukturen lassen sich unterteilen in Verzweigungen, die bestimmte Anweisungen für den Fall vorsehen, dass eine oder mehrere bestimmte Bedingungen erfüllt sind und Schleifen, mit denen wir bestimmte Anweisungen wiederholt ausführen lassen können.

4.1 If-Verzweigung

Die Grundform der Verzweigungen ist die If-Verzweigung. Diese stellt sicher, dass eine oder mehrere Anweisungen ausgeführt werden, wenn eine Bedingung erfüllt ist (oder mehrere Bedingungen erfüllt sind). Die Verzweigung leiten wir mit dem Schlüsselwort „if" ein und schreiben danach in runde Klammern einen Prüfwert, der wahr sein muss.

Anschließend können wir in geschweifte Klammern Anweisungen schreiben, die erledigt werden, wenn unsere Bedingung erfüllt wurde. Diese Anweisungen sollten eingerückt sein, um den Inhalt der Kontrollstruktur besser von anderen Codezeilen unterscheiden zu können.

Die einfachste Form der If-Verzweigung kann mit einer boolean-Variable, der wir den Wert „true" übergeben, programmiert werden:

```
boolean bedingung = true;
if (bedingung) {          // oder: if (bedingung == true) {
        System.out.println("Bedingung erfüllt!");
}
```
In diesem Fall erfolgt die Ausgabe „Die Bedingung ist erfüllt!", weil die Variable „bedingung" den Wert „true" hat.

Häufig verwenden wir bestimmte Vergleiche als Bedingung. In folgendem Beispiel soll eine Ausgabe nur dann erfolgen, wenn eine eingegebene Zahl genau „12" ist. Hierfür nutzen wir die Möglichkeit einer Konsoleneingabe:

```
int zahl;
Scanner scanner = new Scanner(System.in);
System.out.print("Bitte gib eine Zahl ein: ");
zahl = scanner.nextInt();

if (zahl == 12) {
        System.out.println("Die Zahl entspricht einem Dutzend.");
}
```

Die If-Verzweigung lässt sich mit einem Else-Zweig verbinden, für den wir das Schlüsselwort „else" verwenden und anschließend einen weiteren Ausgabeanweisungsbereich erzeugen. Hierin sollen Anweisungen ausgeführt werden, wenn die vorher geprüfte Bedingung nicht erfüllt wurde:

```
if (zahl == 12) {
    System.out.println("Die Zahl entspricht einem Dutzend.");
} else {
    System.out.println("Die Zahl entspricht nicht einem Dutzend.");
}
```

Im Rahmen einer If-Verzweigung können wir auch mehrere Bedingungen nacheinander prüfen. Hierzu können wir die Schlüsselwörter „else" und „if" in der kombinierten Form verwenden. In der Verzweigung wird dann zunächst die Bedingung im if-Zweig geprüft. Sofern diese nicht erfüllt wurde, wird die Bedingung im else-if-Zweig geprüft. Wir können auch mehrere else-if-Zweige untereinanderschreiben:

```
if (zahl == 12) {
    System.out.println ("Die Zahl entspricht einem Dutzend.");
} else if (zahl < 12) {
    System.out.println ("Die Zahl ist kleiner als ein Dutzend.");
} else {
    System.out.println ("Die Zahl ist größer als ein Dutzend.");
}
```

Konsolenausgabe:

```
Bedingung erfüllt!
Bitte gib eine Zahl ein: 42
Die Zahl ist größer als ein Dutzend.
```

4.2 Operatoren für Kontrollstrukturen

Für Kontrollstrukturen steht uns eine Vielzahl von Operatoren zur Verfügung, die sich vor allem in die Vergleichsoperatoren und die logischen Operatoren unterteilen.

Die wichtigsten Operatoren für Kontrollstrukturen sind folgende:

Vergleichsoperatoren	
==, !=	Gleich und Ungleich
<, >	Kleiner als, Größer als
<=, >=	Kleiner gleich, Größer gleich
Logische Operatoren	
&&	Und (beide Bedingungen müssen erfüllt sein)
||	Oder (mindestens eine der Bedingungen muss erfüllt sein)
^	Exklusives Oder (genau eine der Bedingungen muss erfüllt sein)
!	Logisches nicht
Ternärer Operator	
?:	Kurzform für die If-Verzweigung mit einem Else-Zweig, wenn zwei Werte unterschieden werden sollen.

	(Bedingung) ? Ausdruck1 : Ausdruck2 Beispiel: int groessereZahl = (x > y) ? x : y;

Das „logische Und", bzw. „logische Oder" verknüpft mehrere Bedingungen miteinander in der Form, dass beim logischen Und beide Bedingungen und beim logischen Oder nur eine der genannten Bedingungen vorliegen muss.

In folgendem Beispiel werden wir die Vergleichsoperatoren „Kleiner gleich" und „Größer gleich", sowie die logischen Operatoren „Und" und „Oder" verwenden:

```
Scanner scanner = new Scanner(System.in);
int eingabe;
String mitteilung;

System.out.print("Bitte gib eine Zahl zwischen 1 und 100 ein: ");
eingabe = scanner.nextInt();
if (eingabe >= 1 && eingabe <= 100) {
    mitteilung = "Die Eingabe war korrekt.";
    if (eingabe == 1 || eingabe == 100) {
        mitteilung += " Genau an der Grenze!";
    }
} else {
    mitteilung = "Die Eingabe war nicht korrekt...";
}
System.out.println(mitteilung);
```

Wie wir an diesem Beispiel sehen, kann eine Verzweigung auch in einer Verzweigung programmiert werden.

Den Ungleich-Operator (!=) können wir verwenden, wenn unsere Prüfung darauf abzielt, dass ein bestimmter Vergleich nicht zutrifft. Beispielsweise, wenn wir eine Anweisung vorsehen wollen für den Fall, dass die eingegebene Zahl nicht 42 ist:

```
if (eingabe != 42) {
    System.out.println("Die eingegebene Zahl ist nicht 42.");
}
```

Der logische Nicht-Operator dreht den Wahrheitsgehalt einer Aussage um. Aus true wird somit false und aus false wird true. Eine Bedingung, die an eine boolean-Variable geknüpft ist, ist dann erfüllt, wenn diese Variable den Wert false gespeichert hat:

```
boolean bedingung = false;
if (!bedingung) {
    System.out.println("Bedingung: false");
}
```

Der ternäre Operator (Bedingungsoperator) ist eine Schreibvereinfachung. Mit dem ternären Operator können wir in einer Codezeile prüfen, ob eine Bedingung zutrifft und für den Fall, dass diese zutrifft, beispielsweise einer Variablen den gewollten Wert zuweisen. Hierfür müssen wir folgende Syntax beachten:

(Bedingung) ? Ausdruck1 : Ausdruck2

Als einfaches Beispiel nehmen wir eine Variable „x" und eine Variable „y", der wir unterschiedliche Werte zuweisen. Der Variablen „groessereZahl" weisen wir den größeren Wert zu:

```
int x = 20;
int y = 15;
int groessereZahl = (x > y) ? x : y;
System.out.println("Die grössere Zahl: " + groessereZahl);
```

Konsolenausgabe:

```
Bitte gib eine Zahl zwischen 1 und 100 ein: 100
Die Eingabe war korrekt. Genau an der Grenze!
Die eingegebene Zahl ist nicht 42.
Bedingung: false
Die grössere Zahl: 20
```

4.3 Switch-Case-Verzweigung

Die Switch-Case-Verzweigung ist eine Alternative zur If-Verzweigung.

Mit der Switch-Case-Verzweigung können wir ebenfalls einen Ausdruck auf bestimmte Werte prüfen und mehrere Zweige (Case-Fälle) vorsehen, für die bestimmte Anweisungen ausgeführt werden sollen.

Die Verzweigung wird mit dem Schlüsselwort „switch" eingeleitet. Anschließend folgt der Ausdruck, der geprüft werden soll. Danach können die vorgesehenen Fälle untereinander mit dem Schlüsselwort „case" und dem entsprechenden Wert, der für den Ausdruck vorliegen soll, definiert werden. Darunter werden die jeweiligen Anweisungen geschrieben. Für den Fall, dass keine der vorgesehenen Fälle vorliegt, können wir einen „default"-Fall vorsehen.

Wir nutzen die Switch-Case-Verzweigung am Beispiel einer Ampel:

```
String ampel = "rot";
switch (ampel) {
    case "rot":
        System.out.println("Warten");
        break;
    case "gelb":
        System.out.println("Bereit halten");
        break;
    case "grün":
        System.out.println("Losfahren!");
        break;
    default:
        System.out.println("Die Ampel funktioniert nicht.");
        break;
```

```
}
```

Die break-Anweisungen führen dazu, dass die nachfolgenden Sprungmarken nicht ebenfalls geprüft werden. Um Fehler zu vermeiden, wird die break-Anweisung auch im default-Zweig empfohlen.

Praktisch sinnvoll kann die Switch-Case-Verzweigung beispielsweise dann sein, wenn wir im Code mehrere Auswahlmöglichkeiten vorsehen:

```java
System.out.println("Bitte wählen Sie einen Programmpunkt aus:");
System.out.print("1: Texte verschlüsseln\n2: Lotto spielen\n3: Monopoly\nIhre
Auswahl: ");
Scanner scanner = new Scanner(System.in);
int eingabe = scanner.nextInt();

switch (eingabe) {
    case 1:
        System.out.println("Texte verschlüsseln gewählt");
        break;
    case 2:
        System.out.println("Lotto spielen gewählt");
        break;
    case 3:
        System.out.println("Monopoly gewählt");
        break;
    default:
        System.out.println("Eingabe fehlerhaft");
        break;
}
```

Konsolenausgabe:

```
Warten
Bitte wählen Sie einen Programmpunkt aus:
1: Texte verschlüsseln
2: Lotto spielen
3: Monopoly
Ihre Auswahl: 2
Lotto spielen gewählt
```

4.4 While -Schleife, break und continue

Mit Verzweigungen werden bestimmte Anweisungen im Programmcode nur unter bestimmten Bedingungen ausgeführt. Mit Schleifen werden bestimmte Anweisungen im Programmcode unter bestimmten Bedingungen wiederholt ausgeführt.

In der Programmiersprache Java gibt es mehrere Schleifentypen. Die Grundform der Schleifen ist die While-Schleife, die bestimmte Anweisungen wiederholt, solange die im Kopf der Schleife definierte Bedingung erfüllt ist. Statt „if" für „wenn", müssen wir hier das Schlüsselwort „while" für „solange" verwenden. Folgende While-Schleife wird Zahlen in 10er-Schritten bis einschließlich 100 in der Konsole ausgeben:

```
int x = 10;
while (x <= 100) {
      System.out.println(x);
      x += 10;
}
```

Hinweis: Besonders wichtig in diesem Zusammenhang ist, dafür zu sorgen, dass die Schleife nicht zur Endlosschleife wird (was bei While-Schleifen gerne vergessen wird)!

Schleifen müssen nicht unbedingt von sich aus ohne Unterbrechung komplett durchlaufen. Vor allem die While-Schleife eignet sich gut dafür, eine Benutzerinteraktion in die Schleife einzufügen. Im folgenden Beispiel schaffen wir im Rahmen einer Schleife eine Möglichkeit, einen bestimmten Artikel zu kaufen, solange das Budget hierfür ausreicht:

```
int budget = 10;
int anzahl = 0;
String eingabe;
Scanner scanner = new Scanner(System.in);

System.out.println("Bonbons kosten 2 Euro.");
while (budget >= 2) {
      System.out.println("Möchtest du Bonbons kaufen? (y für \"Ja\" einge-
ben)");
      eingabe = scanner.next();
      if (eingabe.equals("y") || eingabe.equals("Y")) {
            anzahl += 1;
            budget -= 2;
```

Schleifen können ebenso wie Switch-Case-Verzweigungen mit dem break-Befehl abgebrochen werden. Diesen nutzen wir für den Fall, dass kein „y" eingegeben wurde:

```
      } else {
            break;
      }
}
System.out.println("Du hast " + anzahl + " Bonbons gekauft.");
```

Mit dem Schlüsselwort „continue" können wir die Schleife mit dem nächsten Durchlauf fortsetzen. Die Anweisungen, die sich nach der „continue"-Anweisung befinden, werden nicht mehr ausgeführt und die Schleife wird mit dem nächsten Durchlauf fortgesetzt. Mit folgender Schleife werden wir die Zahlen 1, 2, 4 und 5 ausgeben; die Ausgabe der Zahl 3 wird übersprungen:

```
int zahl = 0;
while (zahl < 5) {
      zahl += 1;
            if (zahl == 3) {
                  continue;
            }
```

```
        System.out.println("zahl: " + zahl);
}
```

Hinweis: break- und continue-Anweisungen sind in allen Schleifen-Typen einsetzbar.

Konsolenausgabe:

```
10
20
30
40
50
60
70
80
90
100
Bonbons kosten 2 Euro.
Möchtest du Bonbons kaufen? (y für "Ja" eingeben)
y
Möchtest du Bonbons kaufen? (y für "Ja" eingeben)
y
Möchtest du Bonbons kaufen? (y für "Ja" eingeben)
n
Du hast 2 Bonbons gekauft.
zahl: 1
zahl: 2
zahl: 4
zahl: 5
```

4.5 Do-While-Schleife

Die Do-While-Schleife ist ein weiterer Schleifentyp. Im Gegensatz zur While-Schleife wird hier die Bedingung für den Schleifendurchlauf erst im Fuß der Schleife geprüft. Die Do-While-Schleife wird damit immer mindestens einmal durchlaufen, anschließend weiter durchlaufen, solange die Bedingung erfüllt ist. Die Do-While-Schleife macht beispielsweise in den Fällen Sinn, wo mindestens eine Eingabe erfolgen soll. Wir nutzen die Do-While-Schleife für eine Quiz-Frage, die solange gestellt wird, bis die richtige Antwort eingegeben wurde, insgesamt aber maximal drei Mal:

```
Scanner scanner = new Scanner(System.in);
String eingabe;
int versuche = 0;
do {
    System.out.println("Wie heisst die Hauptstadt von Frankreich?");
    eingabe = scanner.next();
    if (eingabe.equals("Paris")) {
        System.out.println("Die Antwort war korrekt!");
        break;
    } else {
```

```
            System.out.println("Die Antwort war falsch!");
        }
        versuche += 1;
} while (versuche < 3);
```

Konsolenausgabe:

```
Wie heisst die Hauptstadt von Frankreich?
Madrid
Die Antwort war falsch!
Wie heisst die Hauptstadt von Frankreich?
London
Die Antwort war falsch!
Wie heisst die Hauptstadt von Frankreich?
Paris
Die Antwort war korrekt!
```

4.6 Programmieraufgabe 4

Programmiere ein Quiz!

Gebe nacheinander 3 einfache Mathematikaufgaben und anschließend 2 allgemeine Fragen (z. B. „Wie heisst die Landeshauptstadt von Bayern?" oder „Aus wie vielen Bundesländern besteht Deutschland?") aus.

Jedes Mal, wenn die richtige Antwort eingegeben wurde, soll die Punktzahl um 1 erhöht werden. Das Quiz ist mit 4 (von 5) Punkten gewonnen.

Nachdem alle Fragen gestellt wurden, soll eine Punkteauswertung erfolgen.

Bei 5 Punkten soll mitgeteilt werden, dass die volle Punktzahl erreicht wurde, bei 4 Punkten soll eine andere Erfolgsmeldung kommen. Ansonsten soll die Punkteanzahl mitgeteilt werden mit der Bitte, es noch einmal zu versuchen.

Wenn nicht die volle Punktzahl (5 Punkte) erreicht wurde, soll das Programm fragen, ob ein neuer Versuch gewünscht ist. Wenn „y" oder „Y" eingegeben wurde, soll das Quiz insgesamt erneut gestartet werden, anderenfalls nicht.

Tipp: Der gesamte Programmablauf sollte in eine Schleife eingebunden werden.

Viel Spass und viel Erfolg!

4.7 Lösungsvorschlag Programmieraufgabe 4

Konsolenausgabe:

```
### Willkommen im Quiz ###
Jede richtige Antwort gibt einen Punkt. Mit 4 Punkten gewinnen Sie das Quiz.
3 + 12 = 15
15 X 4 = 60
33 / 3 = 11
Wie heisst die Landeshauptstadt von Bayern?
München
Aus wie vielen Bundesländern besteht Deutschland?
12
Anzahl Punkte: 4
Gratuliere, Sie haben 4 Punkte erreicht!
Erneut versuchen? ("y" für Ja eingeben)
y
### Willkommen im Quiz ###
Jede richtige Antwort gibt einen Punkt. Mit 4 Punkten gewinnen Sie das Quiz.
3 + 12 = 15
15 X 4 = 60
33 / 3 = 11
Wie heisst die Landeshauptstadt von Bayern?
Muenchen
Aus wie vielen Bundesländern besteht Deutschland?
16
Anzahl Punkte: 5
Herzlichen Glückwunsch! Sie haben die volle Punktzahl erreicht!
```

Code:

```java
public static void main(String[] args) {

    Scanner scanner = new Scanner(System.in);
    int punkte;
    String antwort;

    do {
        punkte = 0;

        System.out.println("### Willkommen im Quiz ###");
        System.out.println("Jede richtige Antwort gibt einen Punkt. "
                            + "Mit 4 Punkten gewinnen Sie das Quiz.");

        System.out.print("3 + 12 = ");
        antwort = scanner.next();
        if (antwort.equals("15")) {
            punkte += 1;
        }
        System.out.print("15 X 4 = ");
        antwort = scanner.next();
        if (antwort.equals("60")) {
            punkte += 1;
        }
        System.out.print("33 / 3 = ");
        antwort = scanner.next();
        if (antwort.equals("11")) {
            punkte += 1;
        }

        System.out.println("Wie heisst die Landeshauptstadt von Bayern?");
        antwort = scanner.next();
        if (antwort.equals("München") || antwort.equals("Muenchen")) {
            punkte += 1;
        }
        System.out.println("Aus wie vielen Bundesländern besteht
                            Deutschland?");
        antwort = scanner.next();
        if (antwort.equals("16")) {
            punkte += 1;
        }

        System.out.println("Anzahl Punkte: " + punkte);
        if (punkte == 5) {
            System.out.println("Herzlichen Glückwunsch! Sie haben
                                die volle Punktzahl erreicht!");
        } else if (punkte == 4) {
            System.out.println("Gratuliere, Sie haben 4 Punkte
                                erreicht!");
            System.out.println("Erneut versuchen? (\"y\" für Ja
                                eingeben)");
            antwort = scanner.next();
            if (!antwort.equals("y") && !antwort.equals("Y")) {
                System.out.println("Bis zum nächsten Mal.");
                break;
            }
        } else {
```

```java
            System.out.println("Sie haben " + punkte + " Punkt(e)
                            erreicht. Versuchen Sie es noch einmal.");
            System.out.println("Erneut versuchen? (\"y\" für Ja
                            eingeben)");
            antwort = scanner.next();
            if (!antwort.equals("y") && !antwort.equals("Y")) {
                System.out.println("Bis zum nächsten Mal.");
                break;
            }
        }

    } while (punkte < 5);
}
```

4.8 For-Schleife

Neben der While-Schleife und der Do-While-Schleife steht uns mit der For-Schleife ein grundsätzlich anderer Schleifentyp zur Verfügung.

Die For-Schleife eignet sich vor allem für die Anwendung in Programmcodes, in denen wir schon wissen oder vorher festgelegt haben, wie oft die Schleife durchlaufen wird, bzw. an welcher Stelle diese genau endet.

Die For-Schleife wird so definiert, dass sich die Zählvariable selbst, sowie die Anzahl der Schleifendurchläufe aus dem Kopf der Schleife ergibt. Bei der For-Schleife wird schon im Kopf der Schleife eine Zählvariable definiert, die bestimmt, wie viele Male die Schleife durchlaufen wird, bis diese beendet wird. Grundsätzlich wird die Zählvariable „i" genannt. Anschließend wird bestimmt, welchen Wert die Zählvariable haben muss, damit die Schleife weiter durchlaufen wird, sowie die Schrittgröße mit jedem Schleifendurchlauf.

Wir programmieren eine For-Schleife, die die Zählvariable ausgibt, bis diese die Zahl 9 erreicht:

```
System.out.println("Erste Schleife:");
for (int i = 0; i < 10; i++) {
        System.out.println(i);
}
```

Die Ausgabe des Zählers von 1 bis 10 bewirkt folgende For-Schleife:

```
System.out.println("Zweite Schleife:");
for (int i = 1; i <= 10; i++) {
        System.out.println(i);
}
```

Grundsätzlich wird die Schrittgröße durch das Inkrement auf 1 festgelegt. Die Änderung der Schrittgröße in der nächsten For-Schleife bewirkt die Ausgabe in 2er-Schritten:

```
System.out.println("Dritte Schleife:");
for (int i = 1; i <= 10; i += 2) {
        System.out.println(i);
}
```

Der Vorteil bei der For-Schleife liegt auch darin, dass wir die Erhöhung der Zählvariablen schon im Kopf der Schleife festlegen müssen und damit eine Endlosschleife automatisch vermeiden.

Beachten müssen wir dabei, dass die Zählvariable „i" in diesem Fall nur innerhalb der Schleife benutzt werden kann. Wenn wir also der Variablen „i" nach der Schleife einen Wert zuweisen würden, würde dieser Code einen Fehler erzeugen:

```
i = 11          (nach der Schleife bewirkt einen Fehler)
```

Ebenso erzeugen wir einen Fehler, wenn wir die Zählvariable „i" vor der For-Schleife deklarieren, weil die Variable „i" mit der Initialisierung im Kopf der Schleife zum zweiten Mal deklariert wird:

```
int i            (vor der Schleife bewirkt einen Fehler im Kopf der For-
Schleife)
```

Konsolenausgabe:

```
Erste Schleife:
0
1
2
3
4
5
6
7
8
9
Zweite Schleife:
1
2
3
4
5
6
7
8
9
10
Dritte Schleife:
1
3
5
7
9
```

4.9 Verschachtelte For-Schleife

Schleifen können in Schleifen verwendet, bzw. verschachtelt werden, wie If-Verzweigungen auch, bei denen eine oder mehrere Verzweigungen in einer Verzweigung genutzt werden können. Wir nutzen dieses Prinzip in folgendem Beispiel, in dem das „Kleine Ein-Mal-Eins" in der Konsole ausgegeben wird.

Hierbei wird eine äußere Schleife gebildet, die für die jeweiligen Zeilen steht:

```
// äußere Schleife
for (int i = 1; i <= 10; i++) {
```

In dieser Schleife wird eine weitere Schleife gebildet, die eine weitere Zählvariable benötigt. In diesem Fall verwenden wir die Variable „j". Im Rahmen der inneren Schleife wird die Berechnung „i * j" durchgeführt und nach dem jeweiligen Ergebnis ein Tabulator-Abstand eingefügt:

```
    // innere Schleife
```

```
    for (int j = 1; j <= 10; j++) {
        System.out.print (i * j + "\t");
    }
```

Nachdem die erste Zeile (i = 1, j von 1 bis 10) durchlaufen wurde, wird ein Zeilensprung erzeugt. Danach wird die Zählvariable „i" erst um 1 erhöht. Die innere Schleife läuft also 10 Mal durch, während die äußere Schleife nur 1 Mal durchläuft:

```
    System.out.println();
}
```

Konsolenausgabe:

1	2	3	4	5	6	7	8	9	10
2	4	6	8	10	12	14	16	18	20
3	6	9	12	15	18	21	24	27	30
4	8	12	16	20	24	28	32	36	40
5	10	15	20	25	30	35	40	45	50
6	12	18	24	30	36	42	48	54	60
7	14	21	28	35	42	49	56	63	70
8	16	24	32	40	48	56	64	72	80
9	18	27	36	45	54	63	72	81	90
10	20	30	40	50	60	70	80	90	100

5 Datenstrukturen

Datenstrukturen benötigen wir dann, wenn wir mehrere Werte oder Objekte gemeinsam speichern wollen. Wenn unser Programm beispielsweise eine Reihe von Zahlen oder Zeichenketten speichern und weiterverarbeiten soll, können wir für jede einzelne Zahl eine Variable verwenden (bspw. zahlEins, zahl-Zwei, zahlDrei, usw.). Dabei würden wir eine Unmenge an Code benötigen. Außerdem wäre es für den Programmierer sehr unpraktisch, wenn für ein Programm, welches vielleicht sogar mehrere hundert oder tausend Zahlen speichern und verarbeiten soll, jede Zahl über eine einzelne Variable selbst anzusprechen. Statt für jede Zahl eine eigene Variable zu deklarieren, können wir die benötigten Zahlen in eine Datenstruktur speichern.

5.1 Eindimensionale Arrays

Der „Standard-Typ" zur Speicherung mehrerer Werte in einer Datenstruktur ist das Array.

Deklaration und Initialisierung eines Arrays gestalten sich anders als bei Variablen. Hier gibt es zwei Möglichkeiten.

Die erste Möglichkeit besteht darin, das Array mit der Deklaration in der gleichen Codezeile zu initialisieren. Hierbei wird der Datentyp der Werte, die das Array speichern soll, vorangestellt. Anschließend folgt eine eckige Klammer, die darauf hinweist, dass es sich hierbei um ein Array handelt:

```
// Array-Deklaration mit Initialisierung
int[]
```

Danach wird der Name des Arrays bestimmt:

```
int[] ersteZahlen
```

Anschließend wird das Array sofort initialisiert. Die einzutragenden Werte werden hierbei in geschweifte Klammern, getrennt von einem Komma, geschrieben:

```
int[] ersteZahlen = {1, 2, 3, 4};
```

Die erste Möglichkeit, ein Array zu erzeugen, funktioniert natürlich nur, wenn von vornherein feststeht, welche und wie Viele Werte das Array speichern soll. Dabei müssen die im Array enthaltenen Werte immer dem gleichen Datentyp entsprechen. Beispielsweise kann unser Array nicht die Zahl 4,5 speichern:

```
int[] ersteZahlen = {1, 2, 3, 4.5}; // führt zu Fehlermeldung
```

Für den Fall, dass die Elemente des Arrays nicht gleich feststehen, sondern ggf. erst zur Programmlaufzeit beispielsweise durch eine Nutzereingabe, o. ä. in das Array gespeichert werden sollen, gibt es die zweite Möglichkeit, ein Array zu erschaffen. Hierbei wird das Array zunächst lediglich deklariert. Dabei muss die maximale Anzahl von Werten, die in das Array gespeichert werden kann, bestimmt werden.

```
// Array-Deklaration ohne Initialisierung
```

```
int[] zweiteZahlen = new int[4];
```

Arrays werden in Java wie Objekte behandelt. Deshalb wird bei der Deklaration eines Arrays das Schlüsselwort „new" verwendet.

In das Array „zweiteZahlen" können wir nun 4 Zahlen speichern. Weil der Index eines Arrays bei 0 beginnt, können 4 mögliche Felder angesprochen werden. Die Initialisierung mit den Werten 2, 4, 6 und 8 geschieht wie folgt:

```
zweiteZahlen[0] = 2;
zweiteZahlen[1] = 4;
zweiteZahlen[2] = 6;
zweiteZahlen[3] = 8;
```

Arrays haben eine festgelegte Größe. Das Array „zweiteZahlen" ist für 4 Zahlen dimensioniert. Das Einfügen einer fünften Zahl in das Array würde also zu einer Fehlermeldung zur Programmlaufzeit führen:

```
zweiteZahlen[4] = 10;    // führt zu Laufzeitfehler
```

Wenn wir die einzelnen Werte eines Arrays verwenden wollen, sprechen wir diese gleich wie bei der Initialisierung über den Index an:

```
System.out.println(zweiteZahlen[2]);
```

Werte des Arrays können wir wie Variablen verwenden, beispielsweise für Berechnungen oder für die Wertzuweisung an eine andere Variable:

```
int ergebnis;
ergebnis = zweiteZahlen[1] + zweiteZahlen[2];
System.out.println(ergebnis);
```

Werte eines Arrays können wir durch die Angabe des Index und der Zuweisung des Wertes nach dem Gleichheitszeichen abändern:

```
zweiteZahlen[3] = 12;
System.out.println(zweiteZahlen[3]);
```

Die Anzahl an Werten im Array erhalten wir mit dem „length"-Befehl:

```
System.out.println("Anzahl Elemente im zweiten Array: " + zweiteZahlen.length);
```

Arrays können abhängig von einer Nutzereingabe dimensioniert werden. Insofern kann die Array-Dimensionierung zumindest etwas flexibel gestaltet werden:

```
System.out.println("Wie viele Zahlen sollen in unser Array gespeichert werden?");
Scanner scanner = new Scanner(System.in);
int eingabe = scanner.nextInt();
int[] zahlen = new int[eingabe];
```

```
System.out.println("Das Array enthält Platz für " + zahlen.length + " Werte.");
```

Konsolenausgabe:

```
6
10
12
Anzahl Elemente im zweiten Array: 4
Wie viele Zahlen sollen in unser Array gespeichert werden?
5
Das Array enthält Platz für 5 Werte.
```

5.2 Mehrdimensionale Arrays

In der Programmiersprache Java besteht die Möglichkeit, mehrdimensionale Arrays zu erstellen. Meistens wird das zweidimensionale Array verwendet, welches man sich wie eine Matrix oder auch Tabelle vorstellen kann. Konkret bedeutet das, dass jede Dimension in einer zweidimensionalen Matrix ebenfalls ein Array enthält.

Im folgenden Beispielsfall erschaffen wir ein zweidimensionales Array, in dem jedes Array der ersten Dimension ein Array bestehend aus vier Zahlen enthält. Die Zahlen sollen aus einer Tabelle in das Array eingefügt werden:

```
int[][] zahlenMatrix = new int[2][4];

// Erste Zeile befüllen
zahlenMatrix[0][0] = 2;
zahlenMatrix[0][1] = 4;
zahlenMatrix[0][2] = 6;
zahlenMatrix[0][3] = 8;

// Zweite Zeile befüllen
zahlenMatrix[1][0] = 3;
zahlenMatrix[1][1] = 6;
zahlenMatrix[1][2] = 9;
zahlenMatrix[1][3] = 12;
```

Die Werte können wir durch Angabe beider Indexwerte nutzen, wie im folgenden Beispiel:

```
int ergebnis = zahlenMatrix[0][0] + zahlenMatrix[0][1];
System.out.println(ergebnis);
```

Mehrdimensionale Arrays können direkt bei der Erzeugung initialisiert werden. Dabei werden die zu speichernden Werte in zwei geschweifte Klammern geschrieben:

```
int[][] unsereZahlen = {{ 10, 20, 30, 40 }, { 20, 40, 60, 80 }};
System.out.println(unsereZahlen[1][1]);
```

Arrays können aus mehr als zwei Dimensionen bestehen. Die Anzahl der eckigen Klammern auf der Deklarationsseite bestimmt dabei die Anzahl der Dimensionen. Die Deklaration und Initialisierung eines dreidimensionalen Arrays erzeugt folgender Code:

```
int[][][] dreiDimArray = {{{ 1, 2, 3 }, { 2, 4, 6 }}, {{ 3, 6, 9 }, { 4, 8, 12
}}};
```

Die Zahl „9" geben wir hier mit folgendem Code aus:

```
System.out.println(dreiDimArray[1][0][2]);
```

Konsolenausgabe:

```
6
40
9
```

5.3 Arrays und For-Schleifen

Für das Befüllen von Arrays mit festgelegten Werten ist die For-Schleife sehr geeignet und kann uns dabei helfen, eine Menge an Code einzusparen.

Wenn wir ein Array aus 5 Zahlen mit der Zahlenreihe von 1 bis 5 füllen wollen, können wir die Initialisierung mit der For-Schleife wie folgt umsetzen:

```
int[] ersteZahlen = new int[5];
for (int i = 1; i <= 5; i++) {
    ersteZahlen[i - 1] = i;
}
```

In diesem Fall initialisieren wir die Zählvariable „i" mit dem Wert 1. Beachten müssen wir dann, dass der Index des Arrays bei „0" beginnt. In der eckigen Klammer muss die Zählvariable „i" also um 1 reduziert werden.

Anders konstruiert werden müsste die Schleife dann, wenn wir „i" bei 0 beginnen lassen wollen. Dann wäre die Index-Obergrenze des Arrays bei „i = 4" erreicht. Die Zählvariable müsste hier also kleiner als 5 sein. Die Variable „i" kann dann im Array-Index direkt verwendet, muss dann als zugewiesener Wert rechts des Gleichheitszeichens aber um 1 erhöht werden:

```
for (int i = 0; i < 5; i++) {
    ersteZahlen[i] = i + 1;
}
```

Die Ausgabe des Arrays per For-Schleife ist am praktischsten, wenn „i" bei 0 beginnt und die Begrenzung „kleiner als die Anzahl der Werte" hat. In diesem Fall haben wir immer den gleichen Schleifenkopf wie den zuletzt beim Befüllen des Arrays genutzten, unabhängig davon, welche Werte im Array stehen oder ob dieses überhaupt per For-Schleife befüllt wurde:

```
for (int i = 0; i < ersteZahlen.length; i++) {
    System.out.println(ersteZahlen[i]);
}
```

Häufiger (logischer) Fehler bei dieser flexiblen Form der Ausgabe des Array ist die Begrenzung der Schleifendurchläufe mit „<= arrayName.length".

Die For-Schleife eignet sich auch sehr gut, um Arrays mit weiteren Zahlenreihen in festgelegten Schritt-größen zu befüllen. Beispielsweise lässt sich das Array mit Zahlen in 5er-Schritten befüllen:

```
for (int i = 0; i < 5; i++) {
    ersteZahlen[i] = i * 5;
}
```

Wenn wir die Zahlenreihe bei 5, statt bei 0 beginnen lassen wollen, können wir die For-Schleife in leicht abgeänderter Form programmieren:

```
for (int i = 0; i < 5; i++) {
    ersteZahlen[i] = (i + 1) * 5;
}
```

Mithilfe einer verschachtelten For-Schleife können wir das „Kleine Ein-Mal-Eins" auch in ein zweidi-mensionales Array gespeichert werden:

```
int[][] zahlenMatrix = new int[10][10];
for (int i = 0; i < 10; i++) {
    for (int j = 0; j < 10; j++) {
        zahlenMatrix[i][j] = (i + 1) * (j + 1);
    }
}
```

Die Ausgabe per For-Schleife können wir wie folgt programmieren:

```
for (int i = 0; i < 10; i++) {
    for (int j = 0; j < 10; j++) {
        System.out.print(zahlenMatrix[i][j] + "\t");
    }
    System.out.println();
}
```

Konsolenausgabe:

```
1
2
3
4
5
1    2    3    4    5    6    7    8    9    10
2    4    6    8    10   12   14   16   18   20
3    6    9    12   15   18   21   24   27   30
4    8    12   16   20   24   28   32   36   40
5    10   15   20   25   30   35   40   45   50
```

6	12	18	24	30	36	42	48	54	60
7	14	21	28	35	42	49	56	63	70
8	16	24	32	40	48	56	64	72	80
9	18	27	36	45	54	63	72	81	90
10	20	30	40	50	60	70	80	90	100

5.4 Vector

Ein Vector ist ein Objekt der Klasse Vector. Vector-Objekte sind im Gegensatz zu Arrays dynamisch. Bei der Initialisierung eines Vector-Objekts muss also nicht festgelegt werden, wie viele Elemente dieser Vector beinhalten soll.

Die Klasse Vector muss aus dem Paket „java.util" importiert werden:

```
import java.util.Vector;
```

Für unseren Vector erstellen wir drei Objekte der Klasse „Auto":

```
Auto erstesAuto = new Auto("Opel", "Astra", 2014, 10500);
Auto zweitesAuto = new Auto();
Auto drittesAuto = new Auto();
```

Ein Vector-Objekt kann mit dem Leer-Konstruktor erzeugt werden:

```
Vector v = new Vector();
```

Der Vector wird unsere drei Autos mithilfe der add()-Methode aufnehmen. Neu aufgenommene Elemente werden an das Ende des Vector-Objekts angehängt:

```
v.add(erstesAuto);
v.add(zweitesAuto);
v.add(drittesAuto);
```

Die size()-Methode gibt die Anzahl an Elementen im Vector-Objekt an:

```
System.out.println("Unser Vector hat " + v.size() + " Autos gespeichert.");
```

Das erste Element im Vector können wir mit der firstElement()-Methode, das letzte Element mit der lastElement()-Methode, ansprechen. Ein Beispiel für die Ausgabeanweisung von Marke und Modell des ersten Autos:

```
System.out.println("Das erste Element: " + ((Auto)v.firstElement()).getMarke()
+ " " + ((Auto)v.firstElement()).getModell());
```
Vor der Anweisung „v.firstElement" wird hier ein Typ-Casting auf die Klasse Auto durchgeführt, damit die Methoden des Objekts angesprochen werden können.

Mit der insertElementAt()-Methode wird ein Element an einer spezifischen Position im Vector einge-fügt. Hierzu schaffen wir uns ein viertes Auto:

```
Auto viertesAuto = new Auto("VW", "Golf", 2015, 13250);
```

Mit der insertElementAt()-Methode fügen wir dieses an die zweite Position im Vector (Index 1) wie folgt ein:

```
v.insertElementAt(viertesAuto, 1);
```

Das zweite Element können wir mit der elementAt()-Methode ansprechen:

```
System.out.println("Das zweite Element: " + ((Auto)v.elementAt(1)).getMarke()
+ " " + ((Auto)v.elementAt(1)).getModell());
```

Die Elemente unseres Vector-Objekts können wir ebenso wie bei Arrays mit einer For-Schleife durch-gehen:

```
for (int i = 0; i < v.size(); i++) {
      System.out.println("Marke " + (i + 1) + ": " + ((Auto)v.elementAt(i)).get-
Marke());
}
```

Arrays können ebenso wie Vectoren Objekte aufnehmen. In unserem Programm könnten die Autos auch in ein Array gespeichert werden. Ein Array, bestehend aus Objekten der Klasse Auto würde wie folgt programmiert werden:

```
Auto[] autos = new Auto[3];
autos[0] = erstesAuto;
autos[1] = zweitesAuto;
autos[2] = drittesAuto;
```

Wenn wir ein Objekt aus einem Array ansprechen wollen, ist das deutlich unkomplizierter möglich. wie der folgende Code zeigt:

```
System.out.println(autos[0].getMarke() + " " + autos[0].getModell());
```
Wir können hier über das Array-Element direkt auf das Objekt zugreifen und die Methoden des Objekts verwenden, ohne dabei ein Casting auf die Klasse „Auto" vornehmen zu müssen.

Konsolenausgabe:

```
Unser Vector hat 3 Autos gespeichert.
Das erste Element: Opel Astra
Das zweite Element: VW Golf
Marke 1: Opel
Marke 2: VW
Marke 3: null
Marke 4: null
Opel Astra
```

5.5 Hashtable

Eine Hashtable stellt einen Speicher dar, der aus Schlüsseln und Werten besteht. Die in der Hashtable gespeicherten Werte sind mit dem Schlüssel verbunden, sodass auf diese nur mit dem Schlüssel zugegriffen werden kann. Eine Hashtable kann man sich auch als eine Art Telefonbuch vorstellen, bei dem mit Angabe eines Namens auf eine Telefonnummer zugegriffen werden kann.

Die Klasse Hashtable muss aus dem Paket „java.util" importiert werden:

```java
import java.util.Hashtable;
```

Zur Erzeugung einer Hashtable können wir den Leer-Konstruktor verwenden:

```java
Hashtable htAdressen = new Hashtable();
```

Mit der put-Methode können der Hashtable die Schlüssel und Werte hinzugefügt werden. Hierbei wird zuerst der Schlüssel (key), gefolgt vom Wert (value) genannt:

```java
htAdressen.put("Guenter Weber", "Fichtenweg 292, 89150 Laichingen");
htAdressen.put("Lisa Schulze", "Eichenstrasse 145, 95179 Schauenstein");
htAdressen.put("Anton Lehmann", "Heckenweg 21, 49610 Quakenbrück");
```

Mit der get-Methode erhalten wir einen Wert. Der Methode muss der Schlüssel des zugehörigen Wertes übergeben werden:

```java
System.out.println("Anschrift Lisa: " + htAdressen.get("Lisa Schulze"));
```

Die size-Methode gibt die Größe der Hashtable, damit die Anzahl der Einträge zurück:

```java
System.out.println("Anzahl Anschriften: " + htAdressen.size());
```

Mit der contains-Methode kann geprüft werden, ob die Hashtable einen bestimmten Wert enthält:

```java
String anschrift = "Heckenweg 21, 49610 Quakenbrück";
System.out.println("Anschrift " + htAdressen.contains(anschrift));
```

Mit der containsKey-Methode kann geprüft werden, ob die Hashtable einen bestimmten Schlüssel enthält:

```java
String name = "Guenter Weber";
System.out.println("Ist die Anschrift von " + name + " vorhanden?");
if(htAdressen.containsKey(name)) {
    System.out.println("Die Anschrift von " + name + " ist vorhanden.");
} else {
    System.out.println("Die Anschrift von " + name + " ist nicht vorhanden.");
}
```

Mit der remove-Methode kann ein Element durch Angabe des Schlüssels entfernt werden:

```
htAdressen.remove("Guenter Weber");
```

Mit der clear-Methode werden alle Elemente der Hashtable entfernt:

```
htAdressen.clear();
System.out.println("Anzahl Anschriften: " + htAdressen.size());
```

Konsolenausgabe:

```
Anschrift Lisa: Eichenstrasse 145, 95179 Schauenstein
Anzahl Anschriften: 3
Anschrift true
Ist die Anschrift von Guenter Weber vorhanden?
Die Anschrift von Guenter Weber ist vorhanden.
Anzahl Anschriften: 0
```

5.6 Enumeration für Hashtable- und Vector-Objekte

Der Typ „Enumeration" hilft bei der Auswertung von Vector- und Hashtable-Inhalten. Das Wort „Enumeration" bedeutet Aufzählung.

Für die Nutzung von Enumerationen ist folgende Importanweisung nötig:

```
import java.util.Enumeration;
```

Für unser erstes Beispiel greifen wir auf die Hashtable des letzten Kapitels zurück:

```
Hashtable htAdressen = new Hashtable();
htAdressen.put("Guenter Weber", "Fichtenweg 292, 89150 Laichingen");
htAdressen.put("Lisa Schulze", "Eichenstrasse 145, 95179 Schauenstein");
htAdressen.put("Anton Lehmann", "Heckenweg 21, 49610 Quakenbrück");
```

Die Klassen Vector und Hashtable enthalten Methoden, die eine Enumeration zurückgeben. Bei der Klasse Hashtable sind das die Methoden „elements" und „keys". Enumeration-Objekte werden nicht durch Aufruf eines Konstruktors, sondern als Rückgabe dieser Methoden erzeugt:

```
Enumeration enumHtElements = htAdressen.elements();
```

Im Rahmen einer While-Schleife können die Methoden „hasMoreElements" und „nextElement" wie folgt genutzt werden. Die While-Schleife läuft unter der Bedingung „hasMoreElements" solange wie die Hashtable Elemente hat:

```
System.out.println("Alle Adressen:");
while(enumHtElements.hasMoreElements()) {
        System.out.println(enumHtElements.nextElement());
}
```

Die Enumeration kann auch zur Ausgabe aller Schlüssel der Hashtable genutzt werden:

```
Enumeration enumHtKeys = htAdressen.keys();

System.out.println("\nAlle Namen:");
while(enumHtKeys.hasMoreElements()) {
      System.out.println(enumHtKeys.nextElement());
}
```

Für unser nächstes Beispiel erzeugen wir drei Hund-Objekte, die wir einem Vector-Objekt hinzufügen:

```
Hund hund1 = new Hund("Dalmatiner", "Ballu", 5);
Hund hund2 = new Hund("Dackel", "Waldi", 9);
Hund hund3 = new Hund("Rottweiler", "Benno", 4);

Vector v = new Vector();
v.add(hund1);
v.add(hund2);
v.add(hund3);
```

Die Enumeration kann auch zur Ausgabe aller Elemente eines Vector genutzt werden. Da Vector-Objekte nur aus Werten bestehen, gibt hier lediglich die Methode „elements" eine Enumeration zurück:

```
Enumeration enumHunde = v.elements();

System.out.println("\nAlle Hunde:");
while(enumHunde.hasMoreElements()) {
      Besteht der Vector aus Objekten, wird auch hier ein Objekt-Casting durch-
geführt:
      System.out.println(((Hund)enumHunde.nextElement()).getName());
}
```

Konsolenausgabe:

```
Alle Adressen:
Heckenweg 21, 49610 Quakenbrück
Eichenstrasse 145, 95179 Schauenstein
Fichtenweg 292, 89150 Laichingen

Alle Namen:
Anton Lehmann
Lisa Schulze
Guenter Weber

Alle Hunde:
Ballu
Waldi
Benno
```

5.7 Foreach-Schleife

Foreach-Schleifen (bzw. erweiterte For-Schleifen) sind ein Schleifentyp, der für das Durchlaufen von Arrays und anderen Datenstrukturen ausgelegt ist und hierfür eine einfachere Syntax als beispielsweise die For-Schleife ermöglicht.

Die Foreach-Schleife ist in der Programmiersprache Java eigentlich eine bestimmte Art der For-Schleife, denn die Schlüsselwörter „for" und „each" bzw. „foreach" werden hier nicht verwendet. Stattdessen wird der Schleifenkopf anders definiert. Die Syntax sieht dabei wie folgt aus:

for (datentyp variable : datenstruktur) {

anweisung;

}

Für unser erstes Beispiel erschaffen wir ein Array und initialisieren dieses mit Ganzzahlen:

```
int[] zahlen = {1, 2, 3, 4, 5};
```

Das Array durchlaufen wir mit der Foreach-Schleife und zum Vergleich mit der For-Schleife:

```
System.out.println("Durchlauf Array:");
for (int zahl : zahlen) {
        System.out.println(zahl);
}
for (int i = 0; i < zahlen.length; i++) {
        System.out.println(zahlen[i]);
}
```

In unserem zweiten Beispiel durchlaufen wir einen Vector, den wir mit drei Hund-Objekten befüllen:

```
Hund hund1 = new Hund("Dalmatiner", "Ballu", 5);
Hund hund2 = new Hund("Dackel", "Waldi", 9);
Hund hund3 = new Hund("Rottweiler", "Benno", 4);

Vector v = new Vector();
v.add(hund1);
v.add(hund2);
v.add(hund3);
```

Unsere Vector können wir mit der Foreach-Schleife wie folgt durchlaufen:

```
System.out.println("Durchlauf Vector:");
for (Object hund : v) {
        System.out.println(((Hund)hund).getName());
}
```

Zum Vergleich der Durchlauf mit der For-Schleife:

```
for (int i = 0; i < v.size(); i++) {
        System.out.println(((Hund)v.elementAt(i)).getName());
}
```

Die Klasse „Vector" bietet sogar eine Methode mit dem Namen „forEach" an, mit der die Vector-Objekte durchlaufen werden können. In unserem Fall würde das so aussehen:

```
v.forEach((element) -> System.out.println(((Hund)element).getName()));
```

Die Klasse „Hashtable" bietet ebenfalls eine gleichnamige Methode an, mit der eine Hashtable durchlaufen werden kann:

```
Hashtable htAdressen = new Hashtable();
htAdressen.put("Guenter Weber", "Fichtenweg 292, 89150 Laichingen");
htAdressen.put("Lisa Schulze", "Eichenstrasse 145, 95179 Schauenstein");
htAdressen.put("Anton Lehmann", "Heckenweg 21, 49610 Quakenbrück");

System.out.println("Durchlauf Hashtable:");
htAdressen.forEach((key, value) -> System.out.println(key + ":\t" + value));
```

Konsolenausgabe:

```
Durchlauf Array:
1
2
3
4
5
1
2
3
4
5
Durchlauf Vector:
Ballu
Waldi
Benno
Ballu
Waldi
Benno
Ballu
Waldi
Benno
Durchlauf Hashtable:
Guenter Weber:    Fichtenweg 292, 89150 Laichingen
Lisa Schulze:     Eichenstrasse 145, 95179 Schauenstein
Anton Lehmann:    Heckenweg 21, 49610 Quakenbrück
```

5.7 Programmieraufgabe 5

Teil 1:

Erstelle ein Programm, das zur Eingabe von Ganzzahlen auffordert. Das Programm soll abfragen, wie viele Zahlen in das Array gespeichert werden sollen. Das Array ist dann entsprechend der Nutzereingabe zu dimensionieren.

Die Zahlen sollen nacheinander eingegeben und in ein eindimensionales Array gespeichert werden. Die Eingabe der Zahlen soll im Rahmen einer For-Schleife erfolgen. Nachdem alle Zahlen eingegeben wurden, sollen die Summe und der Durchschnitt der Zahlen ausgegeben werden. Der Durchschnitt soll als Gleitkommazahl ausgegeben werden.

Teil 2:

Erstelle im gleichen Programm eine Hashtable, welche deutsche Wörter als Schlüssel und die englische Übersetzung als Werte enthalten soll. Füge der Hashtable die Schlüssel-Wert-Paare

„Baum", „tree"

„Holz", „wood"

„Wurzel", „root"

hinzu.

Lasse alle deutschen Wörter und daneben die englische Übersetzung nacheinander ausgeben. Nutze dafür nur <u>eine</u> Enumeration, in der alle deutschen Wörter (hier die keys) gespeichert werden.

Viel Spass und viel Erfolg!

5.8 Lösungsvorschlag Programmieraufgabe 5

Konsolenausgabe:

```
Wie viele Zahlen sollen in unser Array gespeichert werden?
3
Bitte geben Sie die 1. Ganzzahl ein: 12
Bitte geben Sie die 2. Ganzzahl ein: 7
Bitte geben Sie die 3. Ganzzahl ein: 43
Summe aller Zahlen: 62
Durchschnitt aller Zahlen: 20.666666666666668

Wörterbuch Deutsch-Englisch
Baum: tree
Wurzel: root
Holz: wood
```

Code:

```java
public static void main(String[] args) {

        Scanner scanner = new Scanner(System.in);

System.out.println("Wie viele Zahlen sollen in unser Array gespeichert
                        werden?");
        int eingabe = scanner.nextInt();

        int[] zahlen = new int[eingabe];
        int summe = 0;
        for (int i = 0; i < zahlen.length; i++) {
            System.out.print("Bitte geben Sie die " + (i + 1) + ". Ganzzahl
                        ein: ");
            zahlen[i] = scanner.nextInt();
            summe += zahlen[i];
        }
        System.out.println("Summe aller Zahlen: " + summe);
        System.out.println("Durchschnitt aller Zahlen: " + ((double)summe /
                        zahlen.length));

        System.out.println();

        Hashtable htDeutschEnglisch = new Hashtable();

        htDeutschEnglisch.put("Baum", "tree");
        htDeutschEnglisch.put("Holz", "wood");
        htDeutschEnglisch.put("Wurzel", "root");

        Enumeration enumHtDeutsch = htDeutschEnglisch.keys();

        System.out.println("Wörterbuch Deutsch-Englisch");
        while (enumHtDeutsch.hasMoreElements()) {
            String wortDeutsch = (String)enumHtDeutsch.nextElement();
            System.out.println(wortDeutsch + ": "
                                + htDeutschEnglisch.get(wortDeutsch));
        }
}
```

6 Objektorientierung II

In diesem Abschnitt gehen wir tiefer in die Materie der objektorientierten Programmierung ein. Hierfür greifen wir auf den Code der Klasse „Auto" aus dem vorangegangenen Abschnitt zur objektorientierten Programmierung zurück:

```java
public class Auto {

    // Attribute
    private String marke;
    private String modell;
    private int baujahr;
    private double preis;

    // Konstruktoren
    public Auto() {    }
    public Auto(String marke, String modell, int baujahr, double preis) {
        this.marke = marke;
        this.modell = modell;
        this.baujahr = baujahr;
        this.preis = preis;
    }

    // Methoden
    public void hupen() {
        System.out.println("Mieeep!");
    }
    public String radioWeihnachten() {
        return "Last Christmas";
    }
    public void lackieren(String farbe) {
        System.out.println("Das Auto hat jetzt die Farbe: " + farbe);
    }
    public void tanken(double liter, String kraftstoff) {
        System.out.println(liter + " Liter " + kraftstoff + " wurden ge-
tankt.");
    }

    // getter/ setter
    public String getMarke() {
        return marke;
    }
    public void setMarke(String marke) {
        this.marke = marke;
    }
    public String getModell() {
        return modell;
    }
    public void setModell(String modell) {
        this.modell = modell;
    }
    public int getBaujahr() {
        return baujahr;
    }
```

```
    public void setBaujahr(int baujahr) {
        this.baujahr = baujahr;
    }
    public double getPreis() {
        return preis;
    }
    public void setPreis(double preis) {
        this.preis = preis;
    }
}
```

6.1 Vererbung

Mit der Vererbung kann eine Klasse ihre Elemente an andere Klassen vererben. Hintergrund ist der, dass wir bestimmte Gegenstände in Kategorien einteilen können. Beispielsweise gehört jedes Modell eines Autos zu einer bestimmten Marke oder einem bestimmten Segment, also können wir sagen, dass jedes Auto zumindest die Eigenschaft „Marke" erbt.

In der Programmierung ergeben sich durch die Vererbung einige Vorteile. Durch die Vererbung bestimmter Eigenschaften und Methoden an eine Klasse können wir uns beispielsweise Schreibarbeit sparen, weil wir diese in den erbenden Klassen nicht mehr für jede Klasse zusätzlich programmieren müssen. Hierdurch erhöht sich auch die Wartbarkeit des Codes, weil wir entsprechende Änderungen nur in der vererbenden Klasse vornehmen müssen. Zudem garantieren wir bei den erbenden Klassen, dass die Eigenschaften und Methoden dort auch vorhanden sind und wir diese beim Programmieren damit auch nicht „vergessen können".

Bei der Vererbung unterscheiden wir zwischen Superklassen, bzw. Oberklassen und Subklassen oder auch Basisklassen und erbenden, bzw. ableitenden Klassen. Die Terminologie hängt von der Programmiersprache ab, gemeint ist aber jeweils das gleiche. Die Superklasse ist die Klasse, die ihre Eigenschaften und Methoden an ihre Subklassen vererbt.

Wir erstellen eine neue Klasse im package, in der sich die Klasse „Auto" befindet und nennen unsere neue Klasse „Volkswagen". Die Klasse Volkswagen soll keine „public static void main" enthalten und von der Klasse „Auto" erben. Die Vererbungsbeziehung stellen wir in der Klassendefinition mit dem Schlüsselwort „extends" her und nennen anschließend die Klasse, von der die Klasse „Volkswagen" erben soll:

```
public class Volkswagen extends Auto {
}
```

Schon damit haben wir sichergestellt, dass jedes Volkswagen-Objekt auch ein Auto-Objekt ist, also sämtliche Eigenschaften und Methoden der Klasse Auto erbt und damit selbst nutzen kann.

In der main-Methode der Klasse „Program" erzeugen wir ein Volkswagen-Objekt und können die Methoden der Oberklasse „Auto" hiermit nutzen:

```
public static void main(String[] args) {
    Volkswagen vwPolo1 = new Volkswagen();
```

```
    vwPolo1.hupen();
```

Beispielsweise auch die Marke unseres Auto-Objekts können wir bestimmen:

```
    vwPolo1.setMarke("Volkswagen");
    System.out.println(vwPolo1.getMarke());
```

In der erbenden Klasse selbst können wir Attribute festlegen, die nur Objekte der erbenden Klassen haben. Beispielsweise könnte das die Eigenschaft „Neuwagen" sein:

```
public class Volkswagen extends Auto {

    private boolean istNeuwagen;

    public boolean getIstNeuwagen() {
        return istNeuwagen;
    }
    public void setIstNeuwagen(boolean istNeuwagen) {
        this.istNeuwagen = istNeuwagen;
    }
}
```

Damit haben wir festgelegt, dass ein Volkswagen die Eigenschaft „IstNeuwagen" haben kann, aber eben nicht jedes Auto. Umgekehrt kann ein Volkswagen aber alles, was ein Auto kann! Durch die Vererbung können wir die Subklassen damit spezialisieren.

Komplizierter ist die Vererbung im Zusammenhang mit Konstruktoren. Hier bestehen verschiedene Möglichkeiten, Konstruktoren im Zusammenhang mit der Basisklasse zu verwenden oder auch solche, bei denen die Basisklasse nicht angesprochen wird. Im Gegensatz zu Eigenschaften und Methoden werden Konstruktoren **nicht** vererbt, müssen also in den erbenden Klassen selbst entworfen werden.

Konstruktoren von ableitenden Klassen können wir grundsätzlich völlig eigenständig entwerfen. In Konstruktoren von ableitenden Klassen können dabei grundsätzlich auch die Eigenschaften der Superklasse direkt angesprochen und genutzt werden (es sei denn diese sind als „private" deklariert). Unsere Volkswagen-Objekte sind immer von der Marke Volkswagen. Es ist sinnvoll, für unsere Volkswagen-Objekte im Konstruktor zu bestimmen, dass die Marke eines Volkswagen-Objekts immer „Volkswagen" ist. Die Eigenschaft „marke" können wir dabei nicht direkt ansprechen, sondern müssen diese mit der entsprechenden setter-Methode festlegen:

```
public class Volkswagen: Auto {
    ...
    // Konstruktor ohne Konstruktor-Aufruf Oberklasse
    public Volkswagen() {
        this.setMarke("Volkswagen");
    }
    …
```

Konstruktoren können auch den Konstruktor der Basisklasse explizit mit dem Schlüsselwort „super" aufrufen. Wir ergänzen unseren Konstruktor der Klasse „Volkswagen" durch Aufruf des Oberklassen-Konstruktors:

```
    // Konstruktor mit Aufruf Konstruktor Oberklasse (ohne Parameter)
    public Volkswagen() {
        super();
        this.setMarke("Volkswagen");
    }
```

Praktisch macht es hier keinen Unterschied, ob der Konstruktoraufruf hier erfolgt oder nicht. Der Oberklassen-Konstruktor wird nämlich automatisch aufgerufen, auch wenn ein Konstruktoraufruf nicht explizit erfolgt. Dabei wird der Oberklassen-Konstruktor sogar vor dem Konstruktor der erbenden Klasse aufgerufen, danach erst der Konstruktor der erbenden Klasse. Das können wir auch mit den Konsolenausgaben in beiden Konstruktoren beweisen:

Oberklasse:

```
    public Auto() {
        System.out.println("Konstruktor Auto aufgerufen");
    }
```

Erbende Klasse ohne expliziten Konstruktoraufruf:

```
    public Volkswagen() {
        this.setMarke("Volkswagen");
        System.out.println("Konstruktor VW aufgerufen");
    }
```

Konsolenausgabe:

```
Konstruktor Auto aufgerufen
Konstruktor VW aufgerufen
Mieeep!
Volkswagen
```

Wie wir in der Konsolenausgabe sehen, erfolgt die Konsolenausgabe des Oberklassen-Konstruktors noch vor der des Konstruktors der Subklasse.

Daneben besteht die Möglichkeit, einen Konstruktor der Subklasse mit den gleichen Parametern wie dem der Oberklasse zu entwerfen und die entsprechenden Werte an die Oberklasse weiterzureichen, wie in folgendem Beispiel:

```
    // Konstruktor mit Aufruf Konstruktor Oberklasse (mit gleichen Parame-
tern)
    public Volkswagen(String marke, String modell, int baujahr, double preis)
{
        super(marke, modell, baujahr, preis);
    }
```

Ein hiermit erzeugtes Objekt hat alle Eigenschaften des Autos:

```
public static void main(String[] args) {
    ...
```

```
        Volkswagen vwPolo2 = new Volkswagen("Volkswagen", "Polo", 2019, 15100);
        System.out.println(vwPolo2.getMarke() + " " + vwPolo2.getModell() + " für
"                           + vwPolo2.getPreis() + " €");
```

Außerdem besteht die Möglichkeit, einen Konstruktor zu erzeugen, der einen Superklassen-Konstruktor mit unterschiedlichen Parametern aufruft. In unserem Beispiel kann ein Konstruktor der Klasse Volkswagen auch die zusätzlichen Eigenschaften des Volkswagens verlangen, aber nur die Eigenschaften des Autos an den Superklassen-Konstruktor weiterreichen. Dabei kann beispielsweise auch die (sowieso feststehende) Marke automatisch mit einem festen Wert an die Superklasse weitergereicht werden:

```
        // Konstruktor mit Aufruf Konstruktor Oberklasse (mit unterschiedlichen
Parametern)
        public Volkswagen(String modell, int baujahr, double preis, boolean neu)
{
                super("Volkswagen", modell, baujahr, preis);
                this.istNeuwagen = neu;
        }
```

Für unser drittes Objekt müssen wir die Marke nicht mehr angeben und können dieses als Neuwagen erzeugen:

```
static void main(String[] args) {
        ...
        Volkswagen vwPolo3 = new Volkswagen("Polo", 2022, 19345, true);
        System.out.println(vwPolo3.getMarke() + " " + vwPolo3.getModell() + " für
"                       + vwPolo3.getPreis() + " € ist ein Neuwagen: " + vwPolo3.ge-
tIstNeuwagen());
```

Hinweis: Wenn die Superklasse keinen parameterlosen Konstruktor, also keinen Standard-, bzw. Leer-Konstruktor, hat, muss die Subklasse einen bestimmten Konstruktor explizit aufrufen:

Nach dem gleichen Prinzip können wir weitere Klassen für weitere Marken erstellen und diese von der Klasse Auto erben lassen, beispielsweise eine Klasse für die Marke „Toyota" mit Konstruktor:

```
public class Toyota extends Auto {
        public Toyota(String modell, int baujahr, double preis) {
                super("Toyota", modell, baujahr, preis);
        }
}
```

Ein Aspekt der Vererbung ist die Spezialisierung der Möglichkeiten, die Objekte der erbenden Klassen (auch untereinander) haben sollen. Wir können beispielsweise bestimmen, dass nur ein Toyota-Objekt über die Methode „slogan" verfügt:

```
public class Toyota extends Auto {
        ...
        public void slogan() {
                System.out.println("Nichts ist unmöglich...");
        }
```

Wenn wir ein Toyota-Objekt erzeugen, können wir die „slogan"-Methode nur mit einem Toyota-Objekt (nicht mit einem Volkswagen) aufrufen:

```java
public static void main(String[] args) {
    ...
    Toyota tyAvensis1 = new Toyota("Avensis", 2012, 9750);
    tyAvensis1.slogan();
```

Konsolenausgabe:

```
Konstruktor Auto aufgerufen
Konstruktor VW aufgerufen
Mieeep!
Volkswagen
Volkswagen Polo für 15100.0 €
Volkswagen Polo für 19345.0 € ist ein Neuwagen: true
Nichts ist unmöglich...
```

6.2 Polymorphie

Polymorphie bedeutet Vielgestaltigkeit. Innerhalb der objektorientierten Programmierung hat Polymorphie zur Folge, dass mit Zugriff auf gleichnamige Methoden unterschiedliche Ergebnisse geliefert werden können.

Die statische Polymorphie besteht im Überladen von Methoden. Beim Überladen von Methoden werden gleichnamige Methoden benutzt, die sich nur in der Parameterliste unterscheiden. Wenn wir wollen, dass jedes Auto eine Begrüßung ausgibt, können wir hierfür eine Methode programmieren:

```java
public class Auto {
    ...
    public void begruessung() {
        System.out.println("Guten Tag. Wo soll es hingehen?");
    }
```

Die Methode können wir ebenso mit einem Parameter nutzen und dabei den Namen der Methode beibehalten. Wir programmieren eine weitere Methode mit demselben Namen, nur dass diese einen Parameter entgegennimmt:

```java
    public void begruessung(String name) {
        System.out.println("Guten Tag. Wo soll es hingehen, " + name +
"?");
    }
```

Im Hauptprogramm können wir beide Methoden wie folgt nutzen:

```java
public static void main(String[] args) {
    ...
    tyAvensis1.begruessung();
```

```
        tyAvensis1.begruessung("Anton");
```

Die dynamische Polymorphie besteht im Überschreiben von Methoden. Bei einer überschriebenen Methode bleibt die Parameterliste identisch. Nur die Implementierung der Methode wird durch die überschreibende Methode geändert.

Nehmen wir an, jedes Auto soll einen Slogan haben, weil jede Automarke einen Slogan hat. Die Methode „slogan" schreiben wir deshalb in die Klasse Auto:

```
public class Auto {
    ...
    public void slogan() {
        System.out.println("Jede Marke hat einen Slogan.");
    }
}
```

Die Klasse „Toyota" hat wie bisher die Methode „slogan", mit dem gleichen Namen und der gleichen Parameterliste, hier nämlich ohne Parameter. Die Implementierung unterscheidet sich aber von der Methode der Superklasse. Die Methode „slogan" aus der Superklasse wird hierbei überschrieben. Überschreibende Methoden sollte man mit der Annotation „@Override" über der Methode kennzeichnen. Das ist zwar nicht immer zwingend erforderlich, vermeidet aber Fehler:

```
public class Toyota: Auto {
    ...
    @Override
    public void slogan() {
        System.out.println("Nichts ist unmöglich...");
    }
}
```

In der main-Methode der Klasse „Program" können wir mit einem Volkswagen- und einem Toyota-Objekt die gleiche Methode aufrufen, die hier aber zu unterschiedlichen Ergebnissen führen wird:

```
public static void main(String[] args) {
    ...
    vwPolo1.slogan();
    tyAvensis1.slogan();
```

Konsolenausgabe (ohne Codes aus letztem Kapitel):

```
Guten Tag. Wo soll es hingehen?
Guten Tag. Wo soll es hingehen, Anton?
Jede Marke hat einen Slogan.
Nichts ist unmöglich...
```

6.3 Klassenvariablen und -methoden

Die Programmiersprache Java bietet neben Variablen und Methoden, die an ein Objekt geknüpft sind, auch solche an, die unabhängig von der Erstellung eines Objekts existieren und genutzt werden können.

Hierbei handelt es sich um die Klassenvariablen und Klassenmethoden, die man auch als statische Variablen, bzw. statische Methoden bezeichnet.

Für unser Beispiel erstellen wir eine Klasse „Figur" im package „main" und in dieser Klasse mit dem Schlüsselwort „static" eine statische Variable, die die Anzahl der erzeugten Objekte speichern soll. Die Variable soll in diesem Fall öffentlich sein, also erhält sie den Zugriffsmodifikator „public":

```
public class Figur {
    public static int figurAnzahl;
```

Im Konstruktor bestimmen wir, dass die statische Variable jedes Mal, wenn ein Objekt dieser Klasse erzeugt wird, um den Wert „1" erhöht wird.

```
    public Figur() {
        figurAnzahl++;
    }
}
```

In der Klasse „Program" lassen wir zunächst per Nutzereingabe bestimmen, wie viele Figuren unser Programm erstellen soll:

```
public static void main(String[] args) {
    Scanner scanner = new Scanner(System.in);
    System.out.print("Bitte geben Sie die Anzahl der zu erstellenden Figuren
                ein: ");
    int anzahl = scanner.nextInt();
```

Die Anzahl der Figuren speichern wir in ein Array vom Typ Figur.

```
    Figur[] figuren = new Figur[anzahl];
```

Die Figuren erstellen wir in einer For-Schleife und speichern diese in das Array.

```
    for (int i = 0; i < anzahl; i++) {
        figuren[i] = new Figur();
    }
```

Wenn wir anschließend die Anzahl der erstellten Figuren ausgeben lassen, sprechen wir die Variable „figurAnzahl" über die Klasse „Figur" selbst an:

```
    System.out.println("Es wurden " + Figur.figurAnzahl + " Figuren
                erstellt.");
}
```

Wir benötigen hier kein Objekt der Klasse „Figur", um die statische Variable „figurAnzahl" anzusprechen.

Eine statische Methode wird ebenso mit dem Schlüsselwort „static" definiert:

```
public class Figur {
```

```
      ...
      public static void figurAusgeben(String form) {
            System.out.println("Die Figur ist ein " + form + ".");
      }
```

Statische Methoden können ebenso ohne ein Objekt der entsprechenden Klasse aufgerufen werden:

```
public static void main(String[] args) {

      ...

      Figur.figurAusgeben("Dreieck");
```

Konsolenausgabe:

```
Bitte geben Sie die Anzahl der zu erstellenden Figuren ein: 5
Es wurden 5 Figuren erstellt.
Die Figur ist ein Dreieck.
```

6.4 Zugriffsmodifikatoren

Zugriffsmodifikatoren bestimmen die Sichtbarkeit, u. a. von Variablen, aber auch Methoden und Klassen. Die folgenden Regeln gelten für Zugriffsmodifikatoren bei Attributen von Klassen:

```
/*
Zugriffsmodifikatoren/Sichtbarkeit:
private     Klasse selbst
ohne        Klasse selbst, gleiches Paket
protected   Klasse selbst, gleiches Paket und erbende Klassen
public      überall
*/
```

In unserer Figur-Klasse deklarieren wir zwei Variablen, die den Standort einer Figur im Koordinatensystem abbilden können:

```
public class Figur {
      private int xPos;
      protected int yPos;
      ...
}
```

Wir erzeugen im gleichen package wie die Figur-Klasse eine Klasse „Kreis", die von der Klasse Figur erben soll. Wenn wir in der Klasse „Kreis" einen Konstruktor programmieren, können wir nicht auf die Eigenschaft „xPos" zugreifen, weil wir diese als „private" deklariert haben:

```
public class Kreis extends Figur {
      public Kreis(int x, int y) {
            this.xPos = x;     // Zugriff funktioniert nicht, da „private"
            this.yPos = y;
      }
```

```
}
```

In der Klasse „Figur" ändern wir deshalb den Zugriffsmodifikator in „protected". In diesem Fall können wir auch in der erbenden Klasse direkt auf das Attribut „yPos" zugreifen:

```
public class Figur {
     protected int xPos;
```

Wir erschaffen eine weitere Klasse „Rechteck", in der wir den Konstruktor gleich programmieren wie in der Klasse Kreis:

```
public class Rechteck extends Figur {
     public Rechteck(int x, int y) {
          this.xPos = x;
          this.yPos = y;
     }
}
```

Die Klasse Rechteck wird eine Variable ohne Zugriffsmodifikator erhalten:

```
public class Rechteck: Figur {
     double flaeche;
     ...
```

Die Variable der Klasse „Rechteck" kann in der Klasse „Program" direkt angesprochen werden, weil sich beide Klasse im gleichen package befinden:

```
public static void main(String[] args) {
     Rechteck r = new Rechteck(5, 5);
     r.flaeche = 3.5 * 5;
     System.out.println("Flaeche Rechteck: " + r.flaeche);
}
```

Zugriffsmodifikatoren können ebenfalls für Methoden verwendet werden. Das kann beispielsweise für Hilfsmethoden Sinn machen, wenn diese nur innerhalb der Klasse aufgerufen werden können sollen; hierzu verwenden wir auch für die Methode den Zugriffsmodifikator „private". Wir ändern den Code der Klasse „Rechteck" und erweitern diese so, dass alle Eigenschaften nur innerhalb der Klasse veränderbar sein sollen. Dabei soll bei der Erzeugung eines Rechtecks die Länge und die Breite des Rechtecks angegeben werden:

```
public class Rechteck: Figur {
     double laenge;
     double breite;
     public double Flaeche { get; set; }

     public Rechteck(int x, int y, double l, double b) {
          xPos = x;
          yPos = y;
          breite = b;
          laenge = l;
          flaecheBerechnen();
     }
```

Die Methode „flaecheBerechnen" soll eine Hilfsmethode werden, die nur innerhalb der Klasse aufgerufen werden kann. Der Konstruktor sorgt schon bei Erzeugung eines Objekts dafür, dass diese Methode aufgerufen und damit die Fläche des Rechtecks berechnet wird. Nur die Fläche des Rechtecks soll über eine entsprechende getter-Methode erreichbar (aber nicht veränderbar) sein können:

```java
    private void flaecheBerechnen() {
        this.flaeche = this.laenge * this.breite;
    }
    public double getFlaeche() {
        return this.flaeche;
    }
}
```

In der Klasse „Program" können wir die Fläche des Rechtecks damit nicht mehr manipulieren, aber diese entsprechend ausgeben lassen. Den Code ändern wir etwas ab:

```java
public class Program {
    public static void main(String[] args) {
        Rechteck r = new Rechteck(5, 5, 3.5, 5);
        System.out.println("Flaeche Rechteck: " + r.getFlaeche());
    }
}
```

Konsolenausgabe:

```
Flaeche Rechteck: 17.5
```

6.5 Abstrakte Klassen und abstrakte Methoden

Abstrakte Klassen dienen als Oberklassen, die meistens dazu verwendet werden, um Attribute und Methoden allgemein zu definieren, damit diese von den Unterklassen weiter spezifiziert werden können.

Unsere Klasse „Figur" wird eine abstrakte Klasse, wenn wir diese mit dem Schlüsselwort „abstract" definieren:

```java
public abstract class Figur {
    protected int xPos;
    ...
}
```

Abstrakte Klassen sind Klassen, die nicht instanziiert werden können. Folgender Code wird also nicht funktionieren:

```java
public static void main(String[] args) {
    ...
    Figur f = new Figur();        // Code führt zu Fehlermeldung
}
```

Eine abstrakte Klasse kann wie eine konkrete Klasse auch über einen Konstruktor, sowie konkrete Methoden verfügen. Der Konstruktor einer abstrakten Klasse wird nämlich bei der Erzeugung von Objekten der erbenden Klassen ebenfalls aufgerufen, auch wenn von der abstrakten Klasse kein instanziierbares Objekt erzeugt werden kann.

Eine konkrete Methode zur Änderung des Standortes einer Figur ist also auch in der abstrakten Klasse „Figur" möglich, beispielsweise eine Methode, mit der die Figur bewegt wird:

```java
public abstract class Figur {
    ...
    public void bewegen(int x, int y) {
        this.xPos += x;
        this.yPos += y;
    }
}
```

Unser Rechteck-Objekt kann sich jetzt in einem fiktiven Koordinatensystem bewegen:

```java
public static void main(String[] args) {
    ...
    Rechteck r = new Rechteck(5, 5, 3.5, 5);
    ...
    System.out.println("Das Rechteck ist an Position\tX: " + r.xPos
                        + "\tY: " + r.yPos);
    r.bewegen(10, 15);
    System.out.println("Das Rechteck ist an Position\tX: " + r.xPos
                        + "\tY: " + r.yPos);
```

Soweit nichts Neues, denn der bisherige Code könnte auch in einer konkreten Klasse stehen. Abstrakte Klassen können neben konkreten Methoden aber auch abstrakte Methoden enthalten. Abstrakte Methoden sind Methoden, die über keine Implementierung verfügen, also keinen Methodenkörper haben. Die Implementierung dieser Methoden erfolgt erst durch die jeweilige Unterklasse.

Wenn jede Unterklasse beispielsweise eine Methode zur Veränderung ihrer Größe haben soll, die Implementierung dieser Methode sich aber aufgrund der unterschiedlichen Eigenschaften der Unterklassen unterscheiden muss, kann das Sinn machen. Wir programmieren hierzu die Methode „skalieren":

```java
public abstract class Figur {
    ...
    public abstract void skalieren(double faktor);
```

Beim Skalieren eines Kreises müsste beispielsweise der Radius geändert werden. Die Klasse Kreis erweitern wir entsprechend:

```java
public class Kreis extends Figur {
    private double radius;
    public Kreis(int x, int y, double r) {
        this.xPos = x;
        this.yPos = y;
        this.radius = r;
    }
    public double getRadius() {
        return radius;
```

```
        }
    public void setRadius(double radius) {
        this.radius = radius;
    }
}
```

Erbende Klassen müssen alle abstrakten Methoden implementieren. Weil die Klasse „Kreis" von der Klasse „Figur" erbt, müssen wir also bestimmen, was die Methode „skalieren" konkret für ein Kreis-Objekt bewirken soll; die Methode „skalieren" wird überschrieben:

```
public class Kreis: Figur {
    ...
    @Override
    public void skalieren(double faktor) {
        if (faktor > 0) {
            this.radius *= faktor;
        } else {
            System.out.println("Faktor darf nicht negativ sein...");
        }
    }
    ...
}
```

In der main-Methode können wir die Skalieren-Methode beispielsweise so nutzen:

```
public static void main(String[] args) {
    ...
    Kreis k = new Kreis(1, 1, 2.5);
    System.out.println("Radius Kreis: " + k.getRadius());
    k.skalieren(3);
    System.out.println("Radius Kreis: " + k.getRadius());
```

Auch in der Klasse „Rechteck" müssen wir die Methode implementieren, an die Eigenschaften des Rechtecks entsprechend angepasst:

```
public class Rechteck: Figur {
    ...
    @Override
    public void skalieren(double faktor) {
        if (faktor > 0) {
            laenge *= faktor;
            breite *= faktor;
            flaecheBerechnen();
        } else {
            System.out.println("Faktor darf nicht negativ sein...");
        }
    }
    ...
}
```

Konsolenausgabe:

```
Das Rechteck ist an Position X: 5        Y: 5
```

```
Das Rechteck ist an Position X: 15        Y: 20
Radius Kreis: 2.5
Radius Kreis: 7.5
```

6.6 Interfaces

Interfaces sind abstrakten Klassen relativ ähnlich, nur noch etwas „abstrakter", u. a. weil in einem Interface nur Methoden ohne Methodenkörper erlaubt sind, also nur abstrakte Methoden.

Der Hauptzweck von Interfaces besteht darin, das Verbot der Mehrfachvererbung zu umgehen. In Java ist es nämlich nicht möglich, von mehr als einer Klasse zu erben. Nehmen wir an, wir wollen für manche Unterklassen der Klasse „Figur" die Möglichkeit vorsehen, dass für diese geometrische Berechnungen durchgeführt werden können. Würden wir die hierfür erforderlichen Methoden in der abstrakten Klasse „Figur" programmieren, stünden diese Methoden für alle Klassen zur Verfügung und würden auch von allen erbenden Klassen übernommen oder implementiert werden müssen.

Wenn wir hierfür aber ein Interface nutzen, ist es möglich, dass nur bestimmte Klassen über die jeweiligen Methoden verfügen. Das Interface lässt sich in Eclipse wie eine Klasse auch mit Rechtsklick auf unser package „main" im Menüpunkt „New" erzeugen:

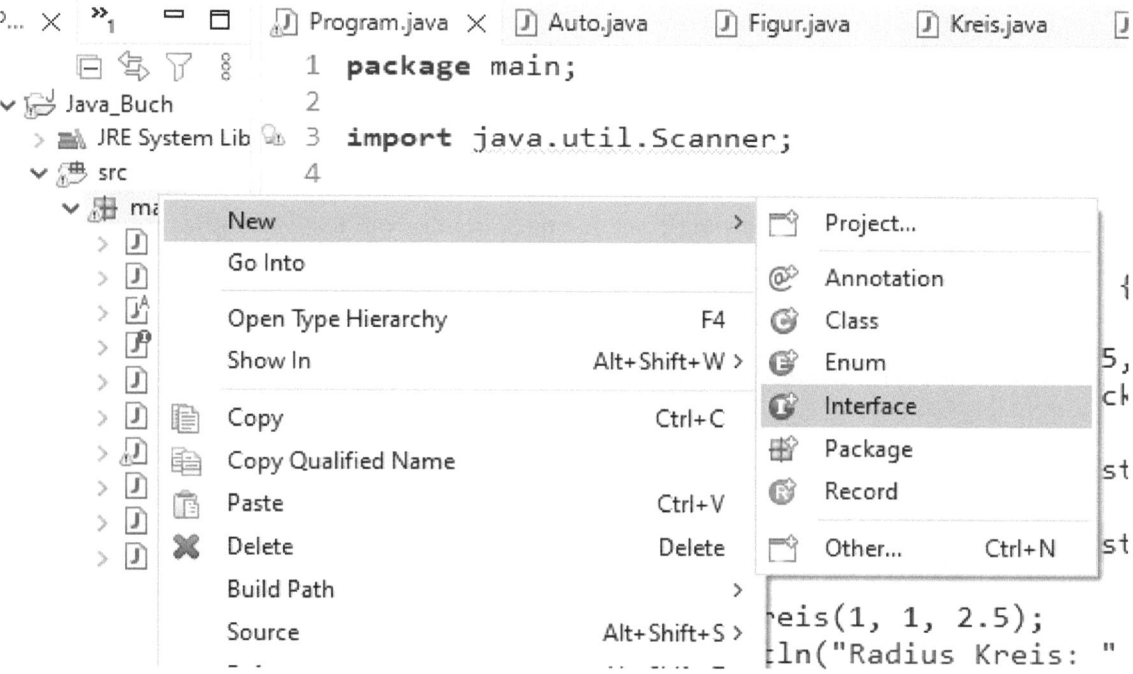

Wir nennen unser Interface „GeomBerechnungen" und erstellen diese mit Klick auf den „Finish"-Button:

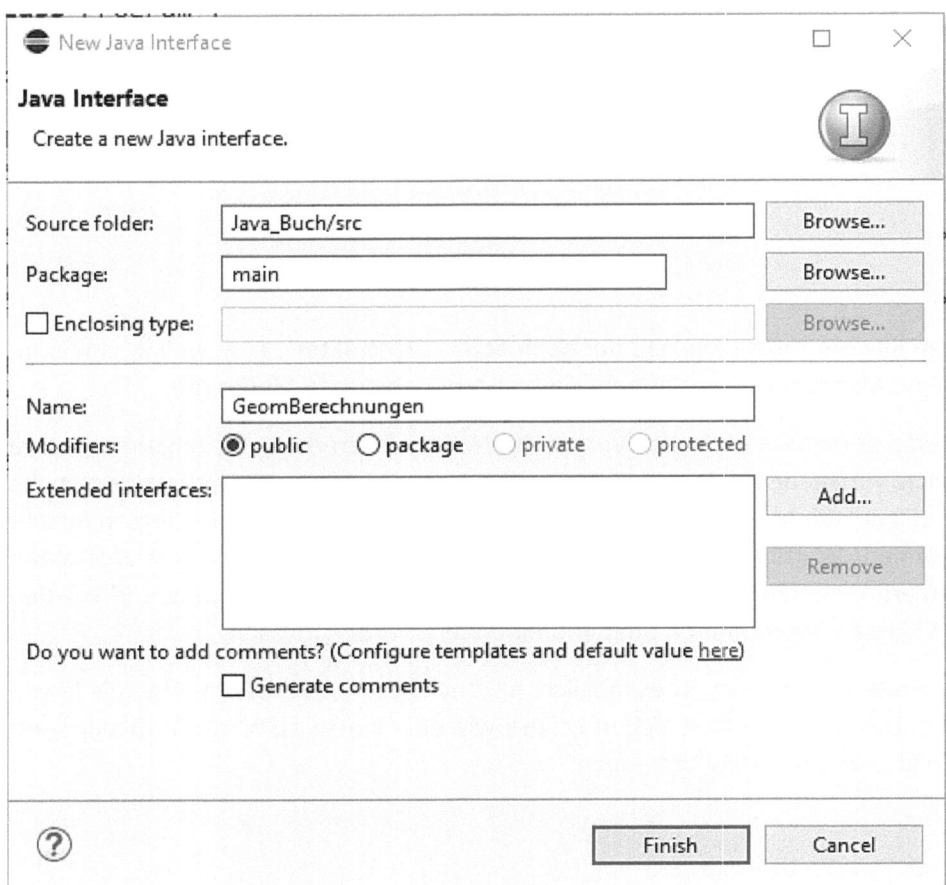

Hinweis: Oft wird für den Namen eines Interface auch der Anfangsbuchstabe „I" verwendet, um zu signalisieren, dass es sich hierbei um ein Interface handelt. In unserem Fall würde das Interface den Namen „IGeomBerechnungen" haben. Zwingend ist das aber nicht.

Ein Interface wird nicht geerbt, sondern implementiert. Die Klasse „Kreis" implementiert das Interface „GeomBerechnungen" durch das Schlüsselwort „implements":

```
public class Kreis extends Figur implements GeomBerechnungen {
    ...
```

Interfaces können nur Konstanten und abstrakte Methoden enthalten. Alle Variablen, die in einem Interface deklariert werden, müssen damit – wie alle Konstanten – sofort initialisiert werden. Konstanten, die in einem Interface deklariert werden, können nur als „public static final" deklariert werden, wobei diese Definition für Konstanten automatisch feststeht und damit nicht explizit festgelegt werden muss. Wir programmieren in unserem Interface eine Variable für die Zahl „Pi":

```
public interface GeomBerechnungen {
    // "public static final" steht automatisch fest
    double pi = 3.141593;
}
```

Wenn das Interface von einer Klasse implementiert wird, kann in der entsprechenden Klasse auf die Konstante direkt zugegriffen werden. Ansonsten ist der Zugriff wie bei statischen Variablen über das Interface und den Punkt-Operator möglich. Wenn die Klasse das Interface implementiert, ist beides möglich. In der Klasse „Kreis" können wir auf die Konstante „pi" also (zu Testzwecken in einer kleinen Methode) wie folgt zugreifen:

```java
public class Kreis extends Figur implements GeomBerechnungen {
    ...
    public void ausgabePi() {
        // wenn Interface implementiert wurde, Zugriff direkt möglich
        System.out.println("Pi: " + pi);
        // wenn Interface nicht implementiert wurde,
            // Zugriff wie bei "static"-Variablen
        System.out.println("Pi: " + GeomBerechnungen.pi);
    }
```

Methoden im Interface sind standardmäßig „public" und „abstract". Auch diese Definition steht automatisch fest, ohne dass wir Methoden explizit als „public abstract" bezeichnen. Es genügt also die Methodenbezeichnung „void" oder der entsprechende Rückgabetyp:

```java
public interface GeomBerechnungen {
    ...
    void FlaecheBerechnen();
    void UmfangBerechnen();
    String geomDaten();
}
```

In der Klasse „Kreis" müssen wir die Methoden jetzt implementieren. Wir legen dafür in der Klasse die zwei neuen Member „flaeche" und „umfang" fest und nutzen diese im Rahmen der überschreibenden Methoden:

```java
public class Kreis extends Figur implements GeomBerechnungen {
    ...
    private double flaeche;
    private double umfang;
    ...
    @Override
    public void flaecheBerechnen() {
        this.flaeche = pi * this.radius * this.radius;
    }
    @Override
    public void umfangBerechnen() {
        this.umfang = 2 * pi * this.radius;
    }
    @Override
    public String geomDaten() {
        return "Fläche: " + this.flaeche + "\tUmfang: " + this.umfang;
    }
}
```

Für eine Beispielanwendung erzeugen wir ein Objekt der Klasse Kreis und rufen die implementierten Methoden auf:

```
public static void main(String[] args) {
    Kreis k = new Kreis(1, 1, 3);
    k.FlaecheBerechnen();
    k.UmfangBerechnen();
    System.out.println(k.geomDaten());
}
```

Hinweis: Eine Klasse kann zwar nur von einer anderen Klasse erben, aber beliebig viele Interfaces implementieren.

Konsolenausgabe:

Fläche: 28.274336999999996	Umfang: 18.849558

6.7 Programmieraufgabe 6

Programmiere einen Bauernhof!

Das Programm soll aus folgenden Klassen mit den jeweiligen Eigenschaften/Methoden bestehen:

Klasse Lager:

- 4 öffentliche Klassenvariablen, die den Bestand an Wolle, Eiern, Kuhmilch und Ziegenmilch speichern

Abstrakte Klasse Milchtiere:

- öffentliche abstrakte Methode „melken" (ohne Parameter)

Abstrakte Klasse Lasttiere:

- öffentliche konkrete Methode „liefern" (mit Parameter für Ware als String und Menge als int): soll Bestand an Ware, je nach Parameter um die jeweilige Menge reduzieren; die Methode soll eine Prüfung enthalten, ob die als Parameter übergebene Ware vorhanden ist und wenn ja, ob diese ausreichend im Lager vorrätig ist; wenn die Ware nicht ausreichend vorrätig ist, soll die Methode „ausgabeBestandUnzureichend" aufgerufen werden

- private Methode „ausgabeBestandUnzureichend" (mit Parametern für Ware als String und Bestand als int): soll eine Konsolenausgabe erzeugen, dass der Warenbestand nicht ausreichend ist und anschließend den Bestand an Ware ausgeben

Klasse Schaf:

- öffentliche Methode „scheren": soll den Bestand an Wolle erhöhen

Klasse Huhn:

- öffentliche Methode „eierLegen": soll den Bestand an Eiern erhöhen

Klasse Kuh:

- erbt von der Klasse Milchtiere,

- öffentliche Methode „melken" soll Bestand an Kuhmilch erhöhen

Klasse Ziege:

- erbt von der Klasse Milchtiere

- öffentliche Methode „melken" soll Bestand an Ziegenmilch erhöhen

Klasse Esel:

- erbt von der Klasse Lasttiere

Klasse Ochse:

- erbt von der Klasse Lasttiere

Um die Funktionstüchtigkeit des Programmes zu testen, kannst Du folgenden Code in die main-Methode kopieren. Hierbei werden ein Schaf- und ein Esel-Objekt erzeugt, das Schaf wird drei Mal geschert, anschließend wird zur Eingabe der Lieferung einer Ware in einer bestimmten Menge aufgefordert. Hier sollte Wolle als Ware, anschließend eine bestimmte Anzahl eingegeben werden:

```java
public static void main(String[] args) {

    Scanner scanner = new Scanner(System.in);
    Schaf schaf = new Schaf();
    Esel esel = new Esel();

    System.out.println("* Willkommen im Bauernhof *");
    for (int i = 0; i < 3; i++) {
        schaf.scheren();
    }

    System.out.println("Aktueller Bestand Wolle: " + Lager.bestandWolle);

    System.out.println("Was soll geliefert werden?");
    String eingabeText = scanner.next();
    System.out.println("Wieviel soll geliefert werden?");
    int eingabeZahl = scanner.nextInt();

    esel.liefern(eingabeText, eingabeZahl);
    System.out.println("Aktueller Bestand Wolle: " + Lager.bestandWolle);

    System.out.println("Auf Wiedersehen...");

}
```

Viel Spass und viel Erfolg!

6.8 Lösungsvorschlag Programmieraufgabe 6

Konsolenausgabe:

```
* Willkommen im Bauernhof *
Aktueller Bestand Wolle: 3
Was soll geliefert werden?
Wolle
Wieviel soll geliefert werden?
2
Aktueller Bestand Wolle: 1
Auf Wiedersehen...
```

Code:

```
public class Lager {
    public static int bestandWolle;
    public static int bestandEier;
    public static int bestandKuhmilch;
    public static int bestandZiegenmilch;
}

public abstract class Milchtiere {
    public abstract void melken();
}

public abstract class Lasttiere {
    public void liefern(String ware, int menge) {
        if (ware.equals("Wolle")) {
            if (Lager.bestandWolle >= menge) {
                Lager.bestandWolle -= menge;
            } else {
                ausgabeBestandUnzureichend(ware, Lager.bestandWolle);
            }
        } else if (ware.equals("Eier")) {
            if (Lager.bestandEier >= menge) {
                Lager.bestandEier -= menge;
            } else {
                ausgabeBestandUnzureichend(ware, Lager.bestandEier);
            }
        } else if (ware.equals("Kuhmilch")) {
            if (Lager.bestandKuhmilch >= menge) {
                Lager.bestandKuhmilch -= menge;
            } else {
                ausgabeBestandUnzureichend(ware,
                        Lager.bestandKuhmilch);
            }
        } else if (ware.equals("Ziegenmilch")) {
            if (Lager.bestandZiegenmilch >= menge) {
                Lager.bestandZiegenmilch -= menge;
            } else {
                ausgabeBestandUnzureichend(ware,
                        + Lager.bestandZiegenmilch);
            }
        } else {
            System.out.println("Angegebene Ware existiert nicht. "
                            + "Bitte Eingabe überprüfen...");
        }
    }

    private void ausgabeBestandUnzureichend(String ware, int bestand) {
        System.out.println("Bestand an " + ware + " nicht ausreichend.");
        System.out.println("Warenbestand an " + ware + ": " + bestand);
    }
}

public class Schaf {
    public void scheren() {
        Lager.bestandWolle += 1;
    }
}

public class Huhn {
```

```
        public void eierLegen() {
            Lager.bestandEier += 1;
        }
}

public class Kuh extends Milchtiere {
    @Override
    public void melken() {
            Lager.bestandKuhmilch += 1;
        }
}

public class Ziege extends Milchtiere {
    @Override
    public void melken() {
            Lager.bestandZiegenmilch += 1;
        }
}

public class Esel extends Lasttiere { }

public class Ochse extends Lasttiere { }
```

6.9   Objekte in verschiedenen Klassen nutzen

Würden wir im Rahmen der Lösung der vorangegangenen Programmieraufgabe in der Klasse „Lager"
Instanzvariablen, statt Klassenvariablen, verwenden, müssten wir den Code umschreiben. In der Klasse
„Lager" bestimmen wir das Attribut zur Speicherung des Bestands an Wolle als Instanzvariable:

```java
public class Lager {
    private int bestandWolle;
    …
    public int getBestandWolle() {
        return bestandWolle;
    }
    public void setBestandWolle(int bestandWolle) {
        this.bestandWolle = bestandWolle;
    }
}
```

Ein Problem ergibt sich, wenn in den Klassen „Lasttiere", „Schaf" und „Program" jeweils ein Objekt der
Klasse „Lager" erzeugt wird, auf das in diesen Klassen zugegriffen wird. Jedes dieser einzelnen Objekte
hätte dann einen eigenen Bestand an Wolle, weil das Attribut „bestandWolle" an das jeweilige Objekt
gebunden wäre. Ein Schaf würde dann für ein eigenes Objekt der Klasse „Lager" geschoren werden, das
den Bestand gespeichert hätte. Das in der Klasse „Program" erzeugte Objekt der Klasse „Lager" hätte
dann aber keinen Bestand an Wolle gespeichert. Um dieses Problem zu umgehen, müssen wir dafür
sorgen, dass dasselbe Objekt innerhalb der einzelnen Klassen genutzt wird.

Die Methode „liefern" in der Klasse „Lasttiere" soll hierzu ein Objekt der Klasse „Lager" als Parameter
entgegennehmen und Bestände dieses Objekts nutzen:

```java
public abstract class Lasttiere {
    public void liefern(Lager lager, String ware, int menge) {
        if (ware.equals("Wolle")) {
            if (lager.getBestandWolle() >= menge) {
                lager.setBestandWolle(lager.getBestandWolle()       -
menge);
            } else {
```

Die Ausgabe für den unzureichenden Bestand müssen wir hier speziell bestimmen.

```java
                System.out.println("Bestand an " + ware + "
                    + nicht ausreichend.");
                System.out.println("Warenbestand an " + ware + ": "
                    + lager.getBestandWolle());
            }
        }
```

Die Methode „scheren" in der Klasse „Schaf" wird ebenfalls ein Lager-Objekt entgegennehmen, um
Bestände dieses Objekts zu erhöhen. Dazu ändern wir den Code der Klasse „Schaf":

```java
public class Schaf {
    public void scheren(Lager lager) {
        lager.setBestandWolle(lager.getBestandWolle() + 1);
    }
```

```
}
```

In der main-Methode der Klasse „Program" wird ein Lager-Objekt erzeugt und beim Aufruf der Methoden „scheren" und „liefern" übergeben. Dazu ändern wir den Code an folgenden Stellen:

```
public static void main(String[] args) {
        …
        Lager lager = new Lager();
        ...
        for (int i = 0; i < 3; i++) {
                schaf.scheren(lager);
        }
        System.out.println("Aktueller  Bestand  Wolle:  " + lager.getBestand-
Wolle());
        ...
        esel.liefern(lager, eingabeText, eingabeZahl);
        System.out.println("Aktueller  Bestand  Wolle:  " + lager.getBestand-
Wolle());
        ...
}
```

Weil das gesamte Programm jetzt mit ein und demselben Objekt arbeitet, wird der Lagerbestand an Wolle auch nur mit diesem Objekt verwaltet. Der Bestand wird korrekt angegeben und kann geliefert werden.

Hier wird im Gegensatz zu Variablen als Parameter keine Kopie des Objekts erzeugt und im Rahmen der Methode genutzt, sondern eine Referenz des Objekts übergeben. Die Methoden nutzen damit nicht Kopien der Objekte, sondern das ursprüngliche Objekt selbst.

Das gleiche Prinzip wird auch in vielen objektorientierten Konzepten eingesetzt, beispielsweise dem MVC-Konzept (MVC steht für Model-View-Control), bei dem es um das Zusammenspiel zwischen einer grafischen Benutzeroberfläche, einer Klasse, die das Programm inhaltlich bestimmt und einer Klasse, die für die Steuerung des Programmablaufs zuständig ist, geht.

Konsolenausgabe:

```
* Willkommen im Bauernhof *
Aktueller Bestand Wolle: 3
Was soll geliefert werden?
Wolle
Wieviel soll geliefert werden?
2
Aktueller Bestand Wolle: 1
Auf Wiedersehen...
```

7 Fehlerbehandlung

Beim Programmieren können viele Fehler passieren, die in ihrer Art und ihren Auswirkungen sehr unterschiedlich sein können. Damit ein Programm korrekt und sicher funktioniert, müssen mögliche Fehlerquellen erkannt und behandelt werden. Ansonsten können Fehler vor allem bei umfangreicheren Programmen große Schäden hervorrufen.

7.1 Fehlerarten

Programmierfehler können grob in drei Fehlerarten unterschieden werden, nämlich Syntaxfehler, Laufzeitfehler und Semantikfehler.

Syntaxfehler sind Fehler in der Formulierung oder Zusammensetzung des Codes. Diese Fehler sind die einfachsten und auch „dankbarsten" Fehler, weil schon der Compiler den Code beanstandet, bevor das Programm überhaupt ausgeführt werden kann. Klassisches Beispiel ist das Vergessen des Semikolons am Ende der Codezeile, aber auch ein falsch geschriebener Methodenaufruf fällt hierunter.

Laufzeitfehler sind Fehler, die erst während der Programmlaufzeit auftreten. Darunter fallen beispielsweise falsche Nutzereingaben, der Fall, wenn ein Index im Array angesprochen wird, den es nicht gibt, weil er sich außerhalb der Dimensionsgröße befindet oder auch die Division durch 0. Laufzeitfehler sind deutlich schwieriger zu finden und zu beheben als Syntaxfehler, weil das Programm auch mit Laufzeitfehlerquellen einwandfrei funktionieren kann. Unerwartete Benutzereingaben oder ein unerwartetes Ereignis können aber ausreichen, um das Programm zum Absturz zu bringen.

Semantikfehler sind Fehler, die nicht das gewünschte Ergebnis liefern. Semantikfehler werden auch als logische Fehler bezeichnet. Diese Fehlerart ist die „undankbarste", weil sie häufig nicht bemerkt wird und am schwierigsten zu beheben ist. Semantikfehler können vor allem in der Folge zu weitreichenden zusätzlichen Problemen führen, wenn diese zu fehlerhaften Daten führen, mit denen das Programm weiterarbeiten soll.

Dieses einfache Beispiel zeigt, dass wir selbst in einem sehr überschaubaren Programm alle drei Fehlerarten finden oder ermöglichen können:

```java
Scanner scanner = new Scanner(System.in);

// Syntaxfehler, wenn "println" falsch geschrieben oder ";" fehlt
System.out.println("Bitte gib drei Ganzzahlen ein:");

int summe = 0;
// Logischer Fehler, wenn Bedingung "i <= 3"
for (int i = 0; i < 3; i++) {
    System.out.print((i + 1) + ". Zahl: ");
    // Laufzeitfehler, wenn Buchstabe oder Kommazahl eingegeben
    summe += scanner.nextInt();
}
System.out.println("Summe: " + summe);

// Folge des logischen Fehlers, wenn Schleifenbedingung "i <= 3"
```

```
System.out.println("Durchschnitt: " + (summe / 3.0));
```

7.2 Syntaxfehler beheben

Unsere ersten Fehlerquellen bauen wir in den Quellcode ein, indem wir in folgender Codezeile den Methodenaufruf falsch schreiben und am Ende der Codezeile das Semikolon vergessen:

```
System.out.prtln("Bitte gib drei Ganzzahlen ein:")
```

Die Entwicklungsumgebung „Eclipse" sorgt schon jetzt dafür, dass auf zwei Syntaxfehler hingewiesen wird, was auf verschiedene Arten geschieht:

```
 1 package main;
 2
 3 import java.util.Scanner;
 4
 5 public class Program {
 6
 7     public static void main(String[] args) {
 8
 9         Scanner scanner = new Scanner(System.in);
10
11         // Syntaxfehler, wenn "println" falsch geschrieben oder ";" fehlt
12         System.out.prtln("Bitte gib drei Ganzzahlen ein:")
13
14         int summe = 0;
15         // Logischer Fehler, wenn Bedingung "i <= 3"
16         for (int i = 0; i < 3; i++) {
17             System.out.print((i + 1) + ". Zahl: ");
18             // Laufzeitfehler, wenn Buchstabe oder Kommazahl eingegeben
19             summe += scanner.nextInt();
20         }
21         System.out.println("Summe: " + summe);
22
23         // Folge des logischen Fehlers, wenn Schleifenbedingung "i <= 3"
24         System.out.println("Durchschnitt: " + (summe / 3.0));
25
26     }
27 }
28
```

Problems ☓ @ Javadoc Declaration Console

2 errors, 0 warnings, 0 others

Description	Resource	Path	Location	Type
✓ ⊗ Errors (2 items)				
⊗ Syntax error, insert ";" to complete Statement	Program.java	/Java_Buch/src/main	line 12	Java Problem
The method prtln(String) is undefined for the t	Program.java	/Java_Buch/src/main	line 12	Java Problem

- Syntaxfehler werden durch eine wellenförmige rote Linie unterstrichen.

- In der Codezeilen-Leiste links neben dem Quellcode erscheint außerdem ein Symbol mit weißem „X" auf einer roten Kreisfläche. Wenn wir auf dieses Symbol klicken, können wir Schnellaktionen durchführen lassen.

- Rechts neben dem Quellcode erscheint in der Scroll-Leiste ein roter Marker, der den Fehler im Quellcode lokalisiert, was vor allem praktisch ist, wenn wir uns an einer anderen Stelle im Quellcode befinden.

- Im Fenster unterhalb des Quellcodes werden unter dem Reiter „Problems" Fehler und Warnungen mit den entsprechenden Symbolen angezeigt. Die Fehler werden hier mit einer kurzen Beschreibung aufgeführt. Mit Doppelklick gelangen wir hier zur entsprechenden Stelle im Quellcode.

Eine Entwicklungsumgebung wie Eclipse macht es uns leicht, Syntaxfehler zu finden und zu beheben. In den meisten Fällen ergibt sich bei Syntaxfehlern die Lösung von selbst. Das vergessene Semikolon ist so ein Fall.

Der Methodenaufruf „System.out.prtln" ist dagegen auf den ersten Blick nicht unbedingt sofort als Fehler erkennbar, aber auch hier können wir die Hilfe der Entwicklungsumgebung in Anspruch nehmen, wenn wir einfach auf den entsprechenden Methodenaufruf scrollen:

```
// Syntaxfehler, wenn "println" falsch geschrieben oder ";"
System.out.prtln("Bitte gib drei Ganzzahlen ein:")

int summe =
// Logische
for (int i
    System.
    // Lauf
    summe += scanner.nextInt();
```

The method prtln(String) is undefined for the type PrintStream
2 quick fixes available:
Change to 'println(..)'
Add cast to 'System.out'
Press 'F2' for focus

Wir klicken auf „Change to `println(..)´" und erhalten eine hierfür passende Lösung.

Das vergessene Semikolon schreiben wir an das Ende der Codezeile. Die Fehlerfreie Codezeile sieht dann wie folgt aus:

```
System.out.println("Bitte gib drei Ganzzahlen ein:");
```

7.3 Laufzeitfehler beheben (Try-Catch-Anweisung)

Unsere Laufzeitfehlerquelle haben wir in der Nutzereingabe:

```
summe += scanner.nextInt();
```

Der Fehler kann hier entstehen, wenn nicht eine Ganzzahl, sondern beispielsweise ein Buchstabe oder eine Kommazahl eingegeben wird. Wir starten unser Programm und erzeugen einen Fehler, indem wir einen Buchstaben eingeben.

In der Konsolenausgabe erscheint eine Mitteilung, die mit dem Begriff „Exception" eingeleitet wird. Wir werden darauf hingewiesen, dass es sich um eine „InputMismatchException" handelt. In der letzten Zeile dieser Mitteilung befindet sich auch der Hinweis auf die entsprechende Zeile im Quellcode, die uns diese „Exception" eingebrockt hat:

```
Problems  @ Javadoc  Declaration  Console  X
<terminated> Program [Java Application] C:\Java\bin\javaw.exe (08.06.2022, 15:03:52 – 15:03:54)
Bitte gib drei Ganzzahlen ein:
1. Zahl: a
Exception in thread "main" java.util.InputMismatchException
        at java.base/java.util.Scanner.throwFor(Scanner.java:939)
        at java.base/java.util.Scanner.next(Scanner.java:1594)
        at java.base/java.util.Scanner.nextInt(Scanner.java:2258)
        at java.base/java.util.Scanner.nextInt(Scanner.java:2212)
        at main.Program.main(Program.java:19)
```

Um mit dieser Fehlerquelle zur Laufzeit umzugehen, können wir den mit der Fehlerquelle behafteten Code in einen „try"-Block schreiben:

```
try {
    summe += scanner.nextInt();
}
```

Wie uns die Entwicklungsumgebung mitteilt, kann der Try-Block nicht ohne Weiteres stehen bleiben, sondern muss mit einem „catch"- oder „finally"-Block fortgesetzt werden. Mit der Catch-Anweisung wird die Exception eingefangen. Die Exception bezeichnen wir in den runden Klammern nach der Catch-Anweisung und geben dem Objekt, das im Catch-Block verwendet werden kann, einen Namen. Dieses Objekt wird nur für den catch-Block verwendet. Üblicherweise ist der Name hier nur sehr kurz und kann auch nur aus einem Buchstaben („e" wie Exception) bestehen:

```
try {
    summe += scanner.nextInt();
} catch (FormatException e) {
}
```

Damit haben wir schon die Exception eingefangen und erhalten keine entsprechende Fehlermeldung mehr. Problematisch ist nur, dass wir nach einer fehlerhaften Eingabe die Schleife nicht weiter nutzen können:

```
Problems  @ Javadoc  Declaration  Console  X
<terminated> Program [Java Application] C:\Java\bin\javaw.exe (13.06.2022, 21:51:04 – 21:51:06)
Bitte gib drei Ganzzahlen ein:
1. Zahl: a
2. Zahl: 3. Zahl: Summe: 0
Durchschnitt: 0.0
```

Um das zu vermeiden, muss die fehlerhafte Eingabe zwischengespeichert werden, damit der Eingabe-puffer geleert wird. Die Eingabe speichern wir im catch-Block in eine String-Variable, die nicht weiter genutzt werden muss:

```
} catch (FormatException e) {
    String fehlerEingabe = scanner.next();
}
```

Dieser können mit der Methode „next" auch Kommazahlen übergeben werden (egal ob in deutscher oder amerikanischer Schreibweise geschrieben):

```
Problems   @ Javadoc   Declaration   Console  X
<terminated> Program [Java Application] C:\Java\bin\javaw.exe (13.06.2022, 21:53:54 – 21:54:01)
Bitte gib drei Ganzzahlen ein:
1. Zahl: a
2. Zahl: 2.2
3. Zahl: 2,3
Summe: 0
Durchschnitt: 0.0
```

Unser Exception-Objekt lässt sich auch direkt in der Konsole ausgeben.:

```
} catch (FormatException e) {
    String fehlerEingabe = scanner.next();
    System.out.println(e);
}
```

Nutzerfreundlich ist diese Ausgabe nicht, sondern eher für Programmierer hilfreich. Die Ausgabe der Exception als solche sollten wir in keinem Programm für Endnutzer vorsehen, sondern einen etwas hilfreicheren Text. In unserem Fall wäre es auch sinnvoll, den Schleifenzähler zurückzusetzen, damit die Gesamtzahl der eingegebenen Zahlen stimmt. Die Schleife wird automatisch weiterlaufen:

```
} catch (FormatException e) {
    String fehlerEingabe = scanner.next();
    System.out.println("Eingabe ungültig. Bitte versuche es erneut.");
    i -= 1;
}
```

Statt oder neben catch-Blöcken können auch finally-Blöcke vorgesehen werden. Finally-Blöcke werden grundsätzlich dafür genutzt, Ressourcen freizugeben, beispielsweise durch Schließen von Dateien oder Datenbankverbindungen. Der im finally-Block enthaltene Code wird dabei immer ausgeführt, egal ob eine Exception geworfen wurde oder nicht.

7.4 Semantikfehler beheben

Fehler in der Programmlogik sind schnell passiert, aber vergleichsweise schwierig aufzuspüren. Hier kommt man nicht umhin, das Programm intensiv auf Fehler zu testen, um diese Art von Fehler festzustellen.

Eine Methode hierfür ist natürlich, das Programm selbst auszuführen und die entsprechenden Ergebnisse ausgeben zu lassen. Wir machen das, nachdem wir in die Schleifenbedingung den logischen Fehler einbauen, dass die Schleife so lange weiterläuft, wie „i <= 3" ist:

```
for (int i = 0; i <= 3; i++) {
    ...
```

Wenn wir im Programm drei Mal eine Zahl eingeben, stellen wir schon bei der nächsten Anweisung, die 4. Zahl einzugeben, fest, dass hier etwas nicht ganz richtig laufen kann. Zum anderen bemerken wir, dass der hieraus errechnete Durchschnitt ebenfalls nicht stimmt.

Den Code haben wir schnell korrigiert, indem wir die Schleifenaustrittsbedingung in „i < 3" ändern.

Ein weiterer Ansatz ist das Durchlaufen des Programmes im Debug-Modus unter Verwendung von Breakpoints. Ein Breakpoint sorgt dafür, dass das Programm an einer bestimmten Stelle anhält, sodass beispielsweise die Entwicklung von einzelnen Variablen bis dahin beobachtet werden kann.

Wir entwickeln hierfür ein neues Beispiel, in dem wir ein Array aus Ganzzahlen per For-Schleife durchlaufen und der Variablen „summe" die nächste Zahl hinzuaddieren. Wir bauen in die Schleife einen „Flüchtigkeitsfehler" ein, indem wir die Summe so berechnen, dass wir bei jedem Schleifendurchlauf nicht die Zahl aus dem Array hinzuaddieren, sondern die Variable „i":

```
int[] zahlen = { 1, 2, 3, 4, 5 };
int summe = 0;
for (int i = 0; i < zahlen.length; i++) {
    System.out.println("Zahl: " + zahlen[i]);
    summe += i;
    System.out.println("Summe: " + summe);
}
```

Wenn wir das Programm normal starten, wird dieses am Ende die Summe „10" ausgeben. Richtig wäre hier das Ergebnis „15". In diesem Fall macht ein Breakpoint Sinn, um die Wertentwicklung der Variablen „summe" während der Schleifendurchläufe zu beobachten. Der Breakpoint sorgt dafür, dass der Programmablauf vor der Codezeile, neben der der Breakpoint gesetzt wird, angehalten wird. Den Breakpoint setzen wir, indem wir in die Codezeilen-Leiste links neben der Stelle im Quellcode doppelt klicken oder mit Rechtsklick ein entsprechendes Menü öffnen:

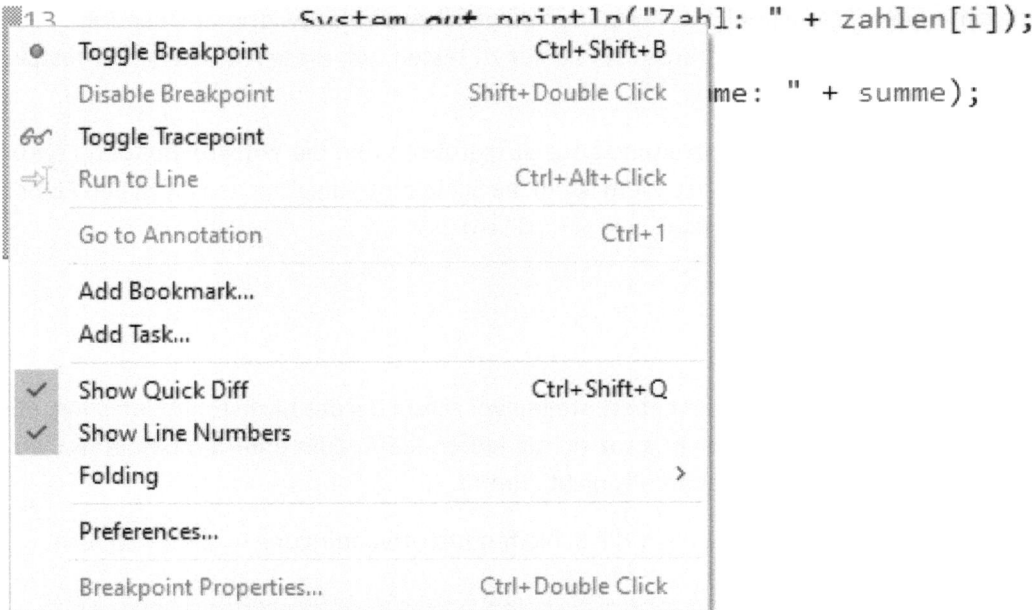

Wir setzen einen Breakpoint neben der Ausgabeanweisung zur Zahl im Array. Den Breakpoint erkennen wir als runden blauen Punkt neben der Codezeile:

```
12          for (int i = 0; i < zahlen.length; i++) {
13              System.out.println("Zahl: " + zahlen[i]);
14              summe += i;
15              System.out.println("Summe: " + summe);
16          }
```

Wenn wir das Programm normal ausführen, wird der Breakpoint nicht beachtet und das Programm läuft ohne Unterbrechung bis zum Schluss durch. Um den Breakpoint wirksam werden zu lassen, müssen wir den Debug-Modus starten.

In der Entwicklungsumgebung Eclipse wird der Debug-Modus im Menü unter „Run", „Debug As" oder durch Klicken auf das „Wanzen"-Symbol links neben dem Start-Symbol gestartet:

Nachdem wir den Debug-Modus gestartet haben, wird uns der Wechsel in eine andere Perspektive der Entwicklungsumgebung vorgeschlagen. Wir bestätigen den Wechsel mit Klick auf den Button „Switch":

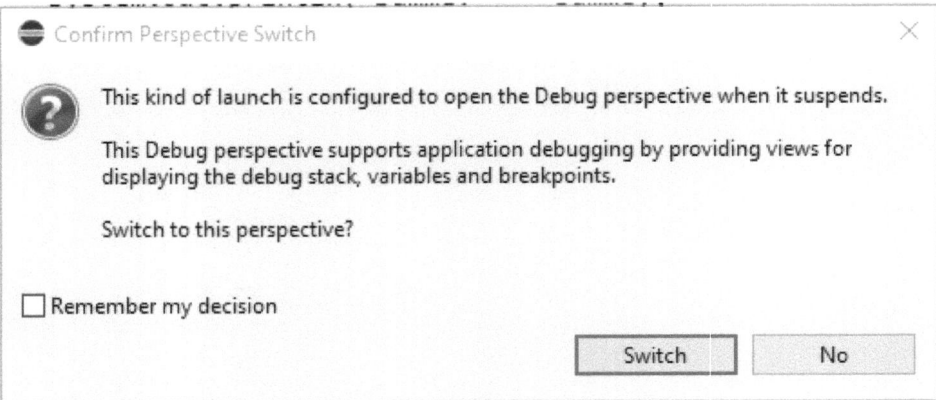

Unsere Entwicklungsumgebung bietet anschließend einen weiteren Bereich auf der rechten Seite, in dem die Variablen aufgelistet sind und in dem die Werte im Debug-Modus beobachtet werden können:

Mit der Taste „F8" oder dem Rechteck-Pfeilsymbol in der Menüleiste können wir Einzelschritte durchführen und Konsolenausgabe, sowie die Entwicklung der Variablen testen:

Nach dem Programmstart können wir feststellen, dass sich die Summe bei jedem Einzelschritt falsch errechnet und diesen Fehler entsprechend korrigieren.

Die Perspektive können wir nach dem Debugging wieder in den Java-Modus ändern unter „Window", Perspective", Open Perspective" oder rechts oben in der Entwicklungsumgebung mit Klick auf das Java-Symbol:

8 Grafische Benutzeroberflächen

In diesem Abschnitt werden wir grafische Benutzeroberflächen erstellen und nutzen dabei die „swing-Klassen" von Java.

Java bietet verschiedene Pakete und Möglichkeiten zur Erstellung grafischer Benutzeroberflächen an. Die älteste Variante bietet das Paket java.awt mit der Hauptfensterklasse Frame an. Die awt-Klassen können zur Erstellung grafischer Benutzeroberflächen nach wie vor genutzt werden, deutliche Verbesserungen und Vereinfachungen in der GUI-Programmierung bieten aber die Klassen im Paket „javax.swing". Eine weitere Möglichkeit, grafische Benutzeroberflächen mit Java zu erstellen, bietet das modernste GUI-Paket „javafx", mit denen sich vor allem Medienelemente und Animationen besser gestalten lassen.

Das swing-Paket beinhaltet eine Vielzahl von Klassen, mit denen grafische Benutzeroberflächen wie Fenster, Textfelder, Schaltflächen, Menüs und viele weitere Elemente erzeugt und gestaltet werden können. Zudem bieten die Benutzeroberflächen ein ansprechendes Erscheinungsbild, welches mit dem Begriff „Look and feel" zusammengefasst wird. Für Einsteiger in der GUI-Entwicklung ist die Programmierung mit dem swing-Paket relativ leicht zu verstehen und sehr geeignet, grafische Benutzeroberflächen sogar komplett „von Hand" zu erstellen, ohne „Drag-and-Drop"-Hilfsmittel zu verwenden.

Die Programmierung grafischer Benutzeroberflächen ist ein sehr umfangreiches Gebiet und es gibt eine Vielzahl von Möglichkeiten, Fenster und Bedienelemente zu erzeugen. Das kann beispielsweise – wie in diesem Buch praktiziert – durch eine Klasse geschehen, die durch Vererbung von der Klasse „JFrame" direkt ein Fenster erhält. Ebenso gut ist es möglich, eine Klasse zu programmieren, in der ein JFrame-Objekt erzeugt und genutzt wird. Diese Klasse kann über eine „public static void main" verfügen und damit selbst ausführbar sein oder von einer anderen Klasse aus instanziiert werden. Die Einstellungen und Eigenschaften, die das Fenster haben soll, können in dieser Klasse „vorgefertigt" im Code bestimmt werden, aber auch außerhalb, in dem auf dieses Objekt beispielsweise von einer anderen Klasse aus zugegriffen wird, usw. Die Herangehensweise hängt dabei zum Teil vom Quellcode-Konzept, zum Teil auch von persönlichem „Geschmack" ab. Es sollte also nicht unnötig verwirren, wenn die Codes in den folgenden Kapiteln von anderen Lösungskonzepten, abweichen und dasselbe Ergebnis liefern, nur eben auf einem anderen Weg.

Um den Rahmen nicht zu sprengen, werden wir in den nachfolgenden Lektionen die – aus meiner Sicht grundlegendsten – Elemente und Design-Konzepte aus dem swing-Paket nutzen. Auch wenn die Entwicklung grafischer Benutzeroberflächen umfangreich und spannend genug wäre, ein eigenes Buch zu füllen, können die Grundlagen hierzu auch prägnant genug erklärt werden, um in dieses Tutorial „zu passen".

8.1 Erstes Fenster

Wir beginnen mit der Erzeugung unseres ersten Fensters. Hierfür erschaffen wir eine neue Klasse, die wir „Gui" nennen. Grafische Benutzeroberflächen werden grundsätzlich in einer eigenen Klasse programmiert, sodass sich diese vom logischen Teil des Programmcodes trennen lassen. Das macht den Quellcode deutlich übersichtlicher und kann Fehler in der Programmlogik vermeiden.

Unsere Klasse „Gui" wird von der Klasse „JFrame" aus dem swing-Paket erben. Hierzu muss die Klasse JFrame aus dem swing-Paket importiert werden:

```
import javax.swing.JFrame;

public class Gui extends JFrame {

}
```

Prinzipiell hätten wir jetzt schon eine Klasse, die automatisch ein Fenster erzeugt, sobald ein Objekt dieser Klasse erzeugt wird, denn das erledigt die Klasse JFrame durch Vererbung automatisch.

Im Konstruktor der Klasse Gui sollen die wesentlichen Eigenschaften des Fensters bestimmt werden. Bei der Bestimmung von Eigenschaften des Fensters müssen wir kein bestimmtes Objekt mehr erzeugen. Die Vererbung von der Klasse „JFrame" bewirkt automatisch, dass wir im Konstruktor der erbenden Klasse das Fenster meinen. Den Titel des Fensters können wir damit einfach wie folgt bestimmen:

```
public Gui() {
      setTitle("Fenster");
}
```
Alternativ können wir hier auch schreiben:

```
      this.setTitle("Fenster");
```

Um ein Fenster zu erzeugen, schaffen wir in der Program-Klasse ein Gui-Objekt:

```
public static void main(String[] args) {
      Gui gui = new Gui();
}
```

Wenn wir mit diesem Gui-Objekt nicht weiter arbeiten, bestimmte Methoden aufrufen wollen, o. ä. würde zur Erzeugung des Fensters schon der Initialisierungsbefehl genügen:

```
public static void main(String[] args) {
      new Gui();
}
```

Nach dem Programmstart passiert hier jedoch nichts, bzw. nichts Sichtbares, denn unser Fenster muss zuerst explizit als sichtbar programmiert werden. Das machen wir im Konstruktor der Klasse Gui:

```
public Gui() {
      setTitle("Fenster");
      setVisible(true);
}
```

Doch was passiert, wenn das Fenster geschlossen wird? Das Programm selbst wird dadurch noch nicht wirklich beendet, sondern läuft im Hintergrund weiter. Das Programmverhalten lässt sich durch die Methode „setDefaultCloseOperation" steuern. Die Standardeinstellung hierbei ist, dass nur das Fenster verschwindet, also „HIDE_ON_CLOSE", das Programm aber weiter läuft. Um das Programm ebenfalls zu beenden, müssen wir den Parameter „EXIT_ON_CLOSE" verwenden:

```
      setDefaultCloseOperation(EXIT_ON_CLOSE);
```

Die Größe des Fensters lässt sich mit der „setSize"-Methode bestimmen. Der Methode wird die Breite des Fensters, sowie die Höhe in Pixeln übergeben:

```
setSize(300, 200);
```

Unser Fenster lässt sich auch so programmieren, dass es auf die volle Bildschirmgröße maximiert wird:

```
setExtendedState(MAXIMIZED_BOTH);
```

Die vorherige Einstellung von 300 X 200 Pixeln bleibt in diesem Fall sogar für die Minimierung des Fensters erhalten.

Mit der „setResizable"-Methode kann ausgeschlossen werden, dass die Fenstergröße geändert wird:

```
setResizable(false);
```

Die Titelleiste des Fensters können wir durch die „setUndecorated"-Methode verschwinden lassen, sodass nur noch der Bildschirminhalt erscheint. Das kann beispielsweise im Videospielbereich Sinn machen:

```
setUndecorated(true);
```
Hinweis: Programm und Fenster können wir in diesem Fall auch in der Entwicklungsumgebung durch Klick auf das rote Kästchen rechts neben dem Reiter für die Konsolenausgabe schließen.

Problems @ Javadoc Declaration Console ×

Program [Java Application] C:\Java\bin\javaw.exe (09.06.2022, 11:40:55)

Wenn das Fenster nicht maximiert erscheinen soll, stellt sich die Frage, an welcher Stelle auf dem Bildschirm dieses Fenster platziert werden soll. Damit unser Fenster nicht immer links oben auf dem Bildschirm erscheint, können wir mit der „setLocation"-Methode die Position in Pixeln nach rechts (erster Parameter) und nach unten (zweiter Parameter) verschieben:

```
setLocation(250, 200);
```

Um das Fenster im Bildschirm zu zentrieren, können wir die Methode „setLocationRelativeTo" verwenden und übergeben ihr den Wert „null":

```
setLocationRelativeTo(null);
```

Für die kommenden Kapitel verwenden wir im Konstruktor der Klasse Gui folgenden Code:

```
public Gui() {
    setTitle("Fenster");
    setSize(300, 200);
    setLocationRelativeTo(null);
    setDefaultCloseOperation(EXIT_ON_CLOSE);
```

```
        setVisible(true);
}
```

Ergebnis:

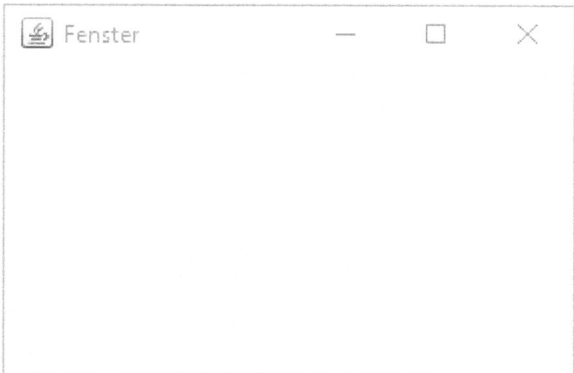

8.2 Bedienelemente einfügen

Bedienelemente ermöglichen u. a. die Interaktion mit dem Nutzer, sowie die Information und Darstellung von Medien. Viele Bedienelemente teilen sich bestimmte Methoden, um diese in ein Fenster einzufügen, anzupassen oder grafisch zu gestalten. Viele der nachfolgenden Codes sind damit auch auf alle Bedienelemente übertragbar.

Wir nutzen in dieser Lektion ein Label, mit dem Inhalte in Textform angezeigt werden können, sowie einen Button, um Prozesse in Gang zu setzen, wenn auf diesen geklickt wird. Das Label ist ein Objekt der Klasse JLabel, der Button ein Objekt der Klasse JButton. Um Bedienelemente außerhalb des Konstruktors und damit in der ganzen Klasse (ggf. auch außerhalb der Klasse) nutzen zu können, ist es sinnvoll, diese nicht im Konstruktor der GUI-Klasse zu deklarieren, sondern dort nur zu initialisieren (möglich wäre aber beides). Bei der Benennung von Bedienelementen ist es sinnvoll, ein Präfix zu verwenden, aus dem die Art des Bedienelements hervorgeht, beispielsweise „lbl" für Label und „btn" für Button:

```
public class Gui extends JFrame {
        private JLabel lblText;
        private JButton btnText;
```

Um die Bedienelemente nutzen zu können, sind weitere Importanweisungen aus dem swing-Paket erforderlich:

```
import javax.swing.JButton;
import javax.swing.JFrame;
import javax.swing.JLabel;
```

Im Rahmen des Konstruktors initialisieren wir die Bedienelement-Objekte. Für das Label gibt ein Konstruktor die Möglichkeit vor, bei der Initialisierung einen Inhalt zu bestimmen. Für das Button-Objekt kann ein Konstruktor genutzt werden, der eine Beschriftung für den Button entgegennimmt:

```
public Gui() {
```

```
        ...
        setDefaultCloseOperation(EXIT_ON_CLOSE);

        lblText = new JLabel("Fenster geöffnet");
        btnText = new JButton("Klick mich");

        setVisible(true);
    }
```

Die Bedienelemente müssen dem JFrame hinzugefügt werden, damit diese zum Inhalt des Fensters werden. Das wird mit der „add"-Methode realisiert:

```
public Gui() {
        ...
        add(lblText);
        add(btnText);

        setVisible(true);
    }
```

Wenn wir das Programm ausführen, sehen wir bis jetzt nur den Button, nicht aber das Label. Hintergrund ist das Standard-Layout für das JFrame. Das Layout können wir mit dem Befehl „setLayout" beispielsweise in ein Flow-Layout ändern:

```
public Gui() {
        ...
        setDefaultCloseOperation(EXIT_ON_CLOSE);
        setLayout(new FlowLayout());
        ...
        setVisible(true);
    }
```

Um das FlowLayout nutzen zu können, ist eine weitere Importanweisungen erforderlich:

```
import java.awt.FlowLayout;
```

Für den Fall, dass ein Layout genutzt wird (und das ist der Standardfall), ist die Methode „setSize" nicht geeignet, um die Größe von Bedienelementen zu bestimmen. Stattdessen sollte die Methode „setPreferredSize" verwendet werden. Dieser wird als Parameter ein Objekt der Klasse „Dimension" mit Angaben zur Breite und Höhe übergeben:

```
public Gui() {
        ...
        lblText.setPreferredSize(new Dimension(150,30));
        btnText.setPreferredSize(new Dimension(150, 30));
        add(lblText);
        ...
    }
```

Die setSize-Methode für das Fenster bleibt davon unberührt. Den entsprechenden Methodenaufruf lassen wir unverändert.

Um Dimension-Objekte nutzen zu können, wird wieder eine Importanweisung benötigt:

```
import java.awt.Dimension;
```

Mit der „setBorder"-Methode können wir die Ränder von Bedienelementen gestalten:

```
public Gui() {
    ...
    btnText.setBorder(BorderFactory.createRaisedBevelBorder());
    btnText.setBorder(BorderFactory.
                            createLineBorder(new Color(200, 50, 50)));
    add(lblText);
    ...
}
```

Damit benötigen wir zwei weitere Importanweisungen:

```
import java.awt.Color;
import javax.swing.BorderFactory;
```

Mit der „setFont"-Methode können wir die Schriftart von Bedienelementen gestalten:

```
public Gui() {
    ...
    lblText.setFont(new Font("Consolas", Font.BOLD, 16));
    add(lblText);
    ...
}
```

Auch hierfür wird eine weitere Importanweisung benötigt:

```
import java.awt.Font;
```

Hinweis: Wenn mehrere Klassen aus einem Paket zu importieren sind, besteht auch die Möglichkeit, alle Klassen des jeweiligen Paketes durch Angabe des Stern-Symbols, pauschal zu importieren:

```
import java.awt.*;
import javax.swing.*;
```

Für Programmieranfänger sind die Importanweisungen der Klassen selbst aber empfehlenswert, weil sich hieraus ableiten lässt, aus welchen Klassen und Paketen die einzelnen Befehle stammen.

Ergebnis:

Die „pack"-Methode bewirkt, dass die Fenstergröße an die jeweiligen Inhalte angepasst wird:

```
        pack();
        setVisible(true);
}
```

Wird die pack-Methode verwendet, hat die Festlegung der Fenstergröße über die setSize-Methode keine Auswirkung mehr.

Ergebnis mit pack-Befehl:

Bei der Erstellung grafischer Benutzeroberflächen wird viel Quellcode verwendet. Deshalb empfiehlt sich eine übersichtliche Struktur des Quellcodes mit entsprechenden Kommentaren, damit schnell erkennbar wird, welche Befehle sich auf das JFrame beziehen und welche auf einzelne Bedienelemente. Der Quellcode der Klasse Gui kann also wie folgt aufgebaut werden:

```java
public class Gui extends JFrame {

        private JLabel lblText;
        private JButton btnText;

        public Gui() {

                // JFrame
                setTitle("Fenster");
                //setSize(300, 200);
                setLocationRelativeTo(null);
                setDefaultCloseOperation(EXIT_ON_CLOSE);
                setLayout(new FlowLayout());

                // Label
                lblText = new JLabel("Fenster geöffnet");
```

```
        lblText.setPreferredSize(new Dimension(150,30));
        lblText.setFont(new Font("Consolas", Font.BOLD, 16));

        // Button
        btnText = new JButton("Klick mich");
        btnText.setPreferredSize(new Dimension(150, 30));
        btnText.setBorder(BorderFactory.createRaisedBevelBorder());
        btnText.setBorder(BorderFactory.
                            createLineBorder(new Color(200, 50, 50)));

        // JFrame
        add(lblText);
        add(btnText);
        pack();
        setVisible(true);
    }
}
```

8.3 Eingabefelder

Eingabefelder dienen der Eingabe von Informationen, die im System gespeichert oder weiterverarbeitet werden, beispielsweise Adressdaten oder Telefonnummern. Das swing-Paket bietet hierfür das Textfeld mit der Klasse „JTextField" an, für längere oder mehrzeilige Mitteilungstexte aber auch eine Klasse „JTextArea", sowie speziell für Passwörter das „JPasswordField".

Wir erzeugen ein Objekt der Klasse „JTextField":

```
private JTextField txtText;
```

Das Textfeld initialisieren wir mit dem Standard-Konstruktor:

```
txtText = new JTextField();
```

Für das Textfeld kann ebenso wie für alle anderen Bedienelemente eine bevorzugte Größe und ein spezielleres Rahmendesign programmiert werden:

```
txtText.setPreferredSize(new Dimension(150, 30));
txtText.setBorder(BorderFactory.createLoweredBevelBorder());
```

Die Änderung der Hintergrundfarbe ist mit der „setBackground"-Methode, die Schriftfarbe mit der „setForeground"-Methode möglich:

```
txtText.setBackground(new Color(240, 250, 255));
txtText.setForeground(new Color(30, 30, 30));
```

Wie alle Bedienelemente dürfen wir auch hier nicht vergessen, das Textfeld dem JFrame hinzuzufügen:

```
add(txtText);
```

Um mehrzeilige Texte einzugeben, steht mit der „JTextArea" eine weitere Form von Eingabefeld zur Verfügung:

```
private JTextArea txaText;
```

Wir initialisieren das „JTextArea"-Objekt und stellen hierfür eine bevorzugte Größe ein:

```
txaText = new JTextArea();
txaText.setPreferredSize(new Dimension(150, 90));
```

Mit dem „JPasswordField" steht eine spezielle Form des „JTextField" zur Verfügung, das – wie der Name schon vermuten lässt – für die Eingabe von Passwörtern konstruiert wurde:

```
private JPasswordField pwfText;
```

Wir initialisieren das „JTextArea"-Objekt und stellen hierfür eine bevorzugte Größe ein:

```
pwfText = new JPasswordField();
pwfText.setPreferredSize(new Dimension(150, 30));
```

In ein „JPasswordField" eingegebene Zeichen werden automatisch als Punkte angezeigt und damit verschlüsselt.

Wir fügen die JTextArea und das JPasswordField mit dem add-Befehl dem JFrame hinzu.

Ergebnis:

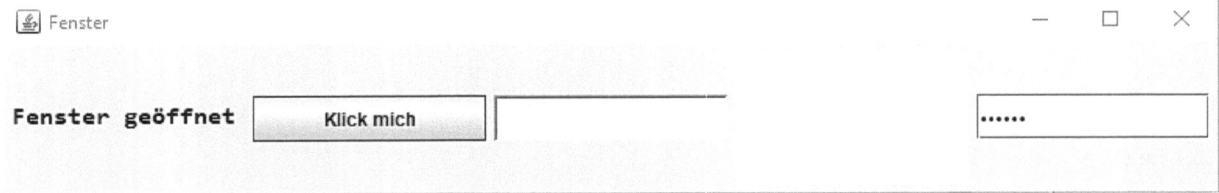

8.4 Layout-Manager

Für die Gestaltung grafischer Benutzeroberflächen werden in den meisten Fällen Layout-Manager genutzt. Die Nutzung von Layout-Managern ermöglicht eine programmiertechnisch sehr einfache Umsetzung bestimmter Anordnungen von Bedienelementen und macht diese sehr flexibel im Hinblick auf Veränderungen der Fenstergröße.

1. Null-Layout:

Statt einen Layout-Manager zu verwenden, besteht (nach wie vor) die Möglichkeit, kein festgelegtes Layout zu verwenden und die Bedienelemente anhand von x- und y-Koordinaten pixelgenau im Fenster zu platzieren. Die Tatsache, dass unsere GUI kein Layout-Manager verwenden soll, muss explizit im Code angegeben werden.

Im Konstruktor der Klasse Gui legen wir also fest:

```
setLayout(null);
```

Wenn ein Null-Layout verwendet wird, stehen für die Bedienelemente die Methoden „setSize" zur Bestimmung der Größe des Elements und „setLocation" zur Bestimmung der Positionierung des Elements
zur Verfügung. Für unseren Button legen wir eine Breite von 150 Pixeln und eine Höhe von 30 Pixeln
wie folgt fest:

```
btnText.setSize(150, 30);
```

Die Positionierung des Elements folgt in Abständen an der x-Achse vom linken Rand des Fensters aus,
sowie in Abständen an der y-Achse vom oberen Rand des Fensters aus:

```
btnText.setLocation(75, 10);
```

Für das Null-Layout ist die pack-Methode ungeeignet. Stattdessen verwenden wir hier die setSize-Methode. Die Auskommentierung für die setSize-Methode heben wir auf und kommentieren die pack-
Methode aus:

```
setSize(300, 200);
...
//pack();
```

Wenn wir unser Programm jetzt starten, sehen wir nur den Button. Andere Bedienelemente müssten
wir mit den Methoden „setSize" und „setLocation" im Null-Layout festlegen, damit auch diese erscheinen. Die „setPreferredSize"-Methode hat für das Null-Layout keine Wirkung.

Ergebnis:

Die „setSize" und „setLocation"-Methoden können durch die „setBounds"-Methode ersetzt werden.
Die „setBounds"-Methode kombiniert die Festlegung von Größe und Standort der Bedienelemente. Die
ersten beiden Parameter der Methode nehmen die Standortdaten an x- und y-Achse an, die letzten
beiden Parameter die Breite und die Höhe des Bedienelements. Wir platzieren mit dieser Methode das
Label in unser Fenster:

```
lblText.setBounds(75, 50, 150, 30);
```

Ergebnis:

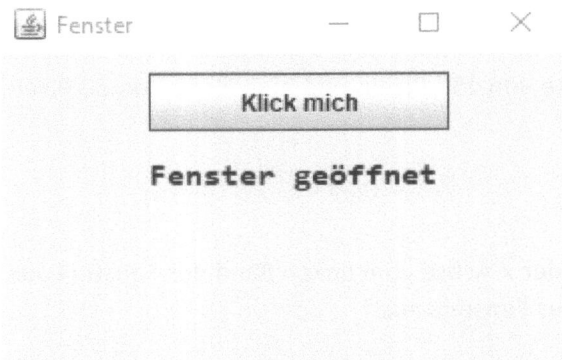

Ein Null-Layout wird selten verwendet, schon weil der Codierungsaufwand hierfür erheblich höher ist. Aus technischer Sicht ist ein Null-Layout auch deshalb kaum möglich oder zumindest unflexibel, weil Bildschirme auf verschiedenen Endgeräten unterschiedlich groß sind und daher eine unterschiedliche Auflösung haben.

Für die folgenden Layouts werden die setSize-, die setLocation- und die setBounds-Methode in den Bedienelementen nicht benötigt. Diesen Code können wir löschen oder auskommentieren und die Fenstergröße wieder durch den pack-Befehl festlegen lassen.

2. FlowLayout

Das FlowLayout ordnet die Bedienelemente automatisch nebeneinander in Reihen an. Sobald eine Reihe nicht mehr genügend Platz bietet, die weiteren Bedienelemente zu beinhalten, beginnt eine neue Reihe. Im Konstruktor der Klasse Gui legen wir das FlowLayout in der „setLayout"-Methode fest:

```
setLayout(new FlowLayout());
```

Wenn wir unser Fenster in der Breite etwas verkleinern und in der Höhe vergrößern, erhalten wir folgendes

Ergebnis:

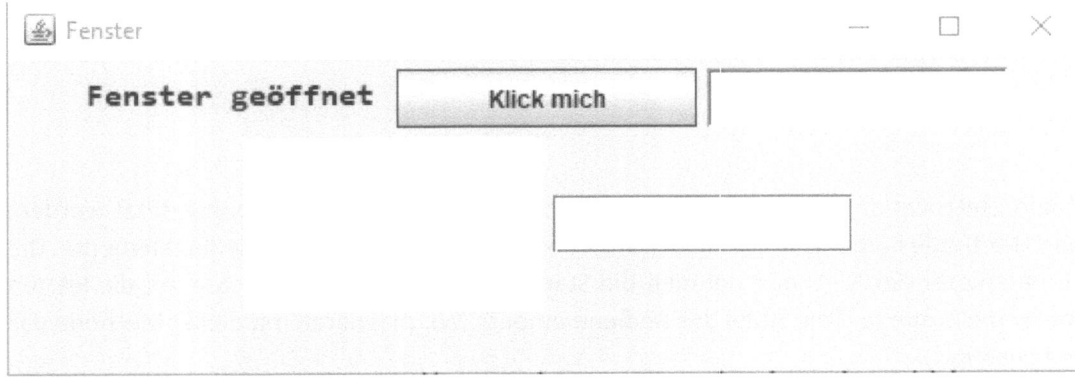

3. BorderLayout

Das BorderLayout unterteilt die Fenster-Fläche in fünf Bereiche (Oben, Links, Unten, Rechts und Mitte). Die Bereiche können im Rahmen der add-Methode mithilfe von Konstanten der Klasse BorderLayout festgelegt werden, die den Namen der vier Himmelsrichtungen tragen und „CENTER" für die Mitte. Im Konstruktor der Klasse Gui legen wir das BorderLayout fest:

```
setLayout(new BorderLayout());
```

Der add-Methode wird als Parameter zuerst das Element angegeben, anschließend der Standort des Elements im BorderLayout:

```
add(txtText, BorderLayout.NORTH);
add(btnText, BorderLayout.SOUTH);
add(lblText, BorderLayout.CENTER);
add(txaText, BorderLayout.WEST);
add(pwfText, BorderLayout.EAST);
```

Ergebnis:

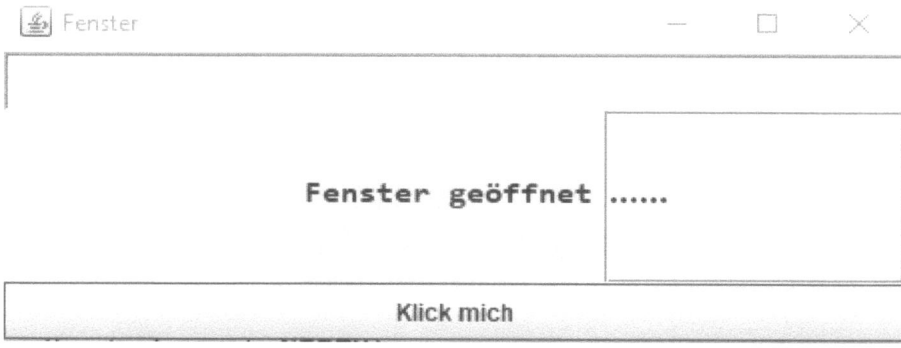

Das BorderLayout ist das Standardlayout für das JFrame; wenn also kein Layout festgelegt wird, ist das Layout automatisch ein BorderLayout. Wenn wir die „setLayout"-Methode auskommentieren und das Programm neu starten, sehen wir keinen Unterschied.

4. GridLayout

Das GridLayout besteht aus Zeilen und Spalten. Die Bedienelemente werden hierbei wie auf einem Schachbrett angeordnet. Die Anzahl der Zeilen und Spalten wird beim Konstruktoraufruf angegeben. Wir erzeugen ein Layout, bestehend aus 3 Zeilen und 2 Spalten:

```
setLayout(new GridLayout(3, 2));
```

Das GridLayout bietet einen weiteren Konstruktor an, durch den horizontale und vertikale Abstände zwischen den Elementen bestimmt werden können:

```
setLayout(new GridLayout(3, 2, 15, 5));
```

Ergebnis:

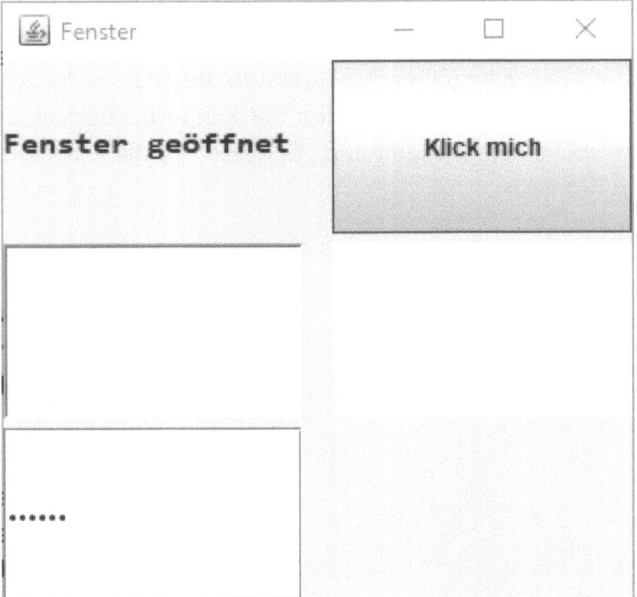

5. BoxLayout

Mit dem BoxLayout können Elemente immer nebeneinander oder untereinander angeordnet werden, egal wie breit oder hoch das Fenster ist. Als erster Parameter muss ein Container angegeben werden; hier wird der automatisch vorhandene Container durch die Methode „getContentPane" angesprochen.

Für die Anordnung aller Elemente untereinander sorgt der Parameter „BoxLayout.Y_AXIS".

```
setLayout(new BoxLayout(this.getContentPane(), BoxLayout.Y_AXIS));
```

Ergebnis:

Für die Anordnung aller Elemente nebeneinander sorgt der Parameter „BoxLayout.X_AXIS".

```
setLayout(new BoxLayout(this.getContentPane(), BoxLayout.X_AXIS));
```

Ergebnis:

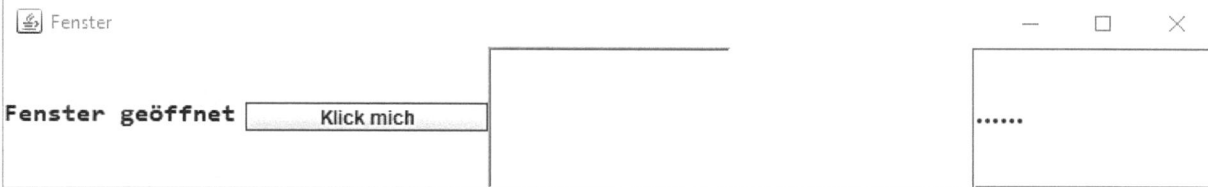

Weitere Layouts wie das GroupLayout oder das GridBagLayout sind für die GUI-Entwicklung „von Hand"
eher zu komplex; hierfür ist eine Entwicklungsumgebung mit benutzerfreundlichem WindowBuilder zu
empfehlen.

8.5 Container - JPanel

Container sind Behälter, die Bedienelemente beinhalten können. Container dienen der Strukturierung
oder Gruppierung von Bedienelementen. Fensterinhalte können aus mehreren Containern, die ihrerseits wiederum Elemente enthalten, zusammengesetzt werden. Die Container können dann beispielsweise innerhalb verschiedener Standorte jeweils unterschiedliche Layouts verwenden, die zur Funktion
der jeweiligen Elementgruppe am besten passen.

Container aus dem Swing-Paket enthalten ein „contentPane". Das contentPane ist eine Art Inhaltsplatt-
form, auf die die weiteren Elemente gesetzt werden können. Bereits die bisher genutzten Elemente
wurden einem contentPane hinzugefügt, ohne dass dieses im Quellcode erstellt wurde. Vor der JDK-
Version 1.5, bzw. Java 5, konnte noch kein Element einem JFrame unmittelbar eingefügt werden. Konkret musste man ein Objekt der Klasse Container erzeugen und dem JFrame das contentPane wie folgt
hinzufügen:

```
...
private Container contentPane;
public Gui() {
...
        contentPane = this.getContentPane();
```
Dieser Code ist mit neueren Java-Versionen nicht mehr explizit erforderlich, „im Hintergrund" wird dieser Code aber automatisch ausgeführt und kann auch weiterhin in der GUI-Entwicklung verwendet werden.

Das JFrame ist einer der sog. Top-Level-Container, da er sich in der Hierarchie ganz oben befindet. Daneben gibt es noch die Top-Level-Container „JDialog" und „JApplet".

Die meistgenutzte Container-Klasse unter den Nicht-Top-Level-Containern ist das JPanel. Unter einem
JPanel kann man sich einen Bildschirmbereich vorstellen, auf dem Elemente platziert werden. Ein
JFrame kann auch nur aus einem JPanel bestehen, auf dem wiederum die Bedienelemente platziert
werden oder aus mehreren JPanel-Objekten, die in das Fenster platziert werden. Das JPanel ist der
Standardcontainer der Swing-Klassen.

Wir erzeugen hierfür ein JPanel-Objekt und initialisieren dieses im Konstruktor der Klasse Gui:

```
private JPanel panelEingaben;
public Gui() {
      ...
      panelEingaben = new JPanel();
```

Dem JPanel können jetzt Bedienelemente hinzugefügt werden. Wie beim JFrame erreichen wir das mit der „add"-Methode, nur dass wir hier das JPanel-Objekt ansprechen müssen, weil ansonsten das JFrame gemeint ist. Wir fügen unserem JPanel-Objekt das TextField und die TextArea hinzu:

```
      ...
      panelEingaben.add(txtText);
      panelEingaben.add(txaText);
      ...
```

Das JPanel fügen wir anschließend dem JFrame hinzu , die „add"-Befehle für die in das JPanel eingefügten Elemente kommentieren wir aus, weil wir diese ansonsten wieder dem JFrame hinzufügen würden:

```
      ...
      add(panelEingaben);
      add(lblText);
      add(btnText);
      //add(txtText);
      //add(txaText);
      add(pwfText);
```

Die Reihenfolge, mit der die Elemente dem JFrame hinzugefügt werden, bestimmt auch die Position der angezeigten Elemente. Hier stehen die dem JPanel hinzugefügten Elemente links im Fenster.

Ergebnis:

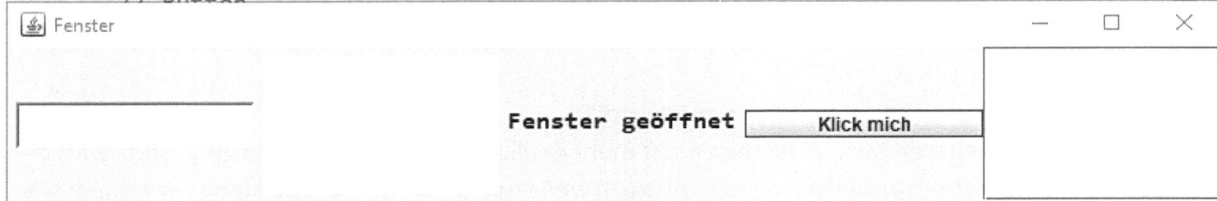

Ein Vorteil macht sich vor allem beim BorderLayout bemerkbar. Mit dem JPanel als eingesetzte Komponente können die darin enthaltenen Elemente nebeneinander oder untereinander platziert werden. Ansonsten würden diese sich überlappen und einander verdecken Wir ändern unseren Code an folgenden Stellen:

```
      // setLayout(new BoxLayout(this.getContentPane(), BoxLayout.X_AXIS));
      ...
      add(panelEingaben, BorderLayout.SOUTH);
      add(lblText, BorderLayout.NORTH);
      add(btnText, BorderLayout.EAST);
      // add(txtText);
```

```
    // add(txaText);
    add(pwfText, BorderLayout.WEST);
```

Ergebnis (Fenster vergrößert):

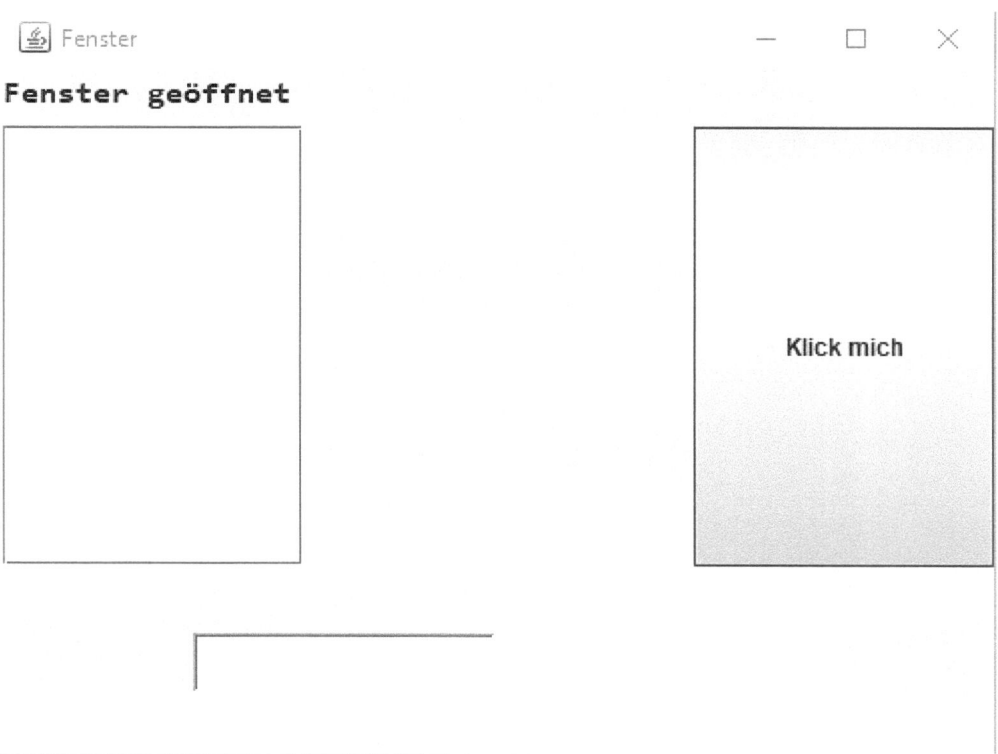

Das JPanel selbst nutzt standardmäßig das FlowLayout. Die Layout-Einstellung kann aber auch hier geändert werden, beispielsweise in ein BoxLayout, welches die Elemente untereinander anordnet:

```
    panelEingaben = new JPanel();
    panelEingaben.setLayout(new BoxLayout(panelEingaben, BoxLayout.Y_AXIS));
    ...
```

Ergebnis (Fenster vergrößert):

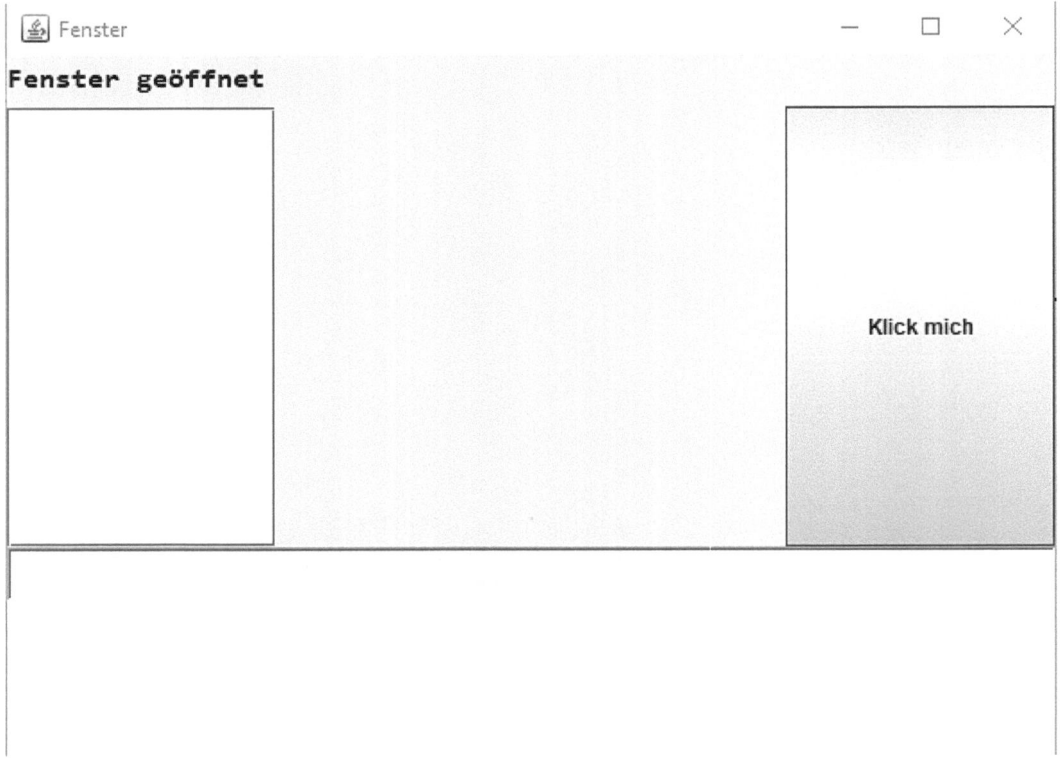

8.6 Container - JScrollPane

Mit der Klasse JScrollPane stellt Java einen Container mit integrierter Scrollbar zur Verfügung. Wenn die Inhalte der hierin enthaltenen Elemente zu groß sind, kann mit einem Schiebebalken nach unten, bzw. nach rechts und wieder zurück gescrollt werden. Im Prinzip kann man sich das JScrollPane wie ein JPanel mit integrierten Scrollbalken vorstellen, für das im Rahmen der Programmierung einige Besonderheiten bestehen.

Wir erzeugen ein Objekt der Klasse JScrollPane:

```
private JScrollPane scrPaneEingaben;
```

Für unser JScrollPane erzeugen uns initialisieren wir im Konstruktor der GUI-Klasse eine neue JTextArea:

```
JTextArea txa = new JTextArea();
```

Bei der Initialisierung des JScrollPane ist es sinnvoll, die Komponente, die das JScrollPane enthalten soll, gleich im Konstruktor mit anzugeben:

```
scrPaneEingaben = new JScrollPane(txa);
scrPaneEingaben.setPreferredSize(new Dimension(150, 90));
```

Container können ihrerseits auch Container enthalten. Das JScrollPane kann einem weiteren Container hinzugefügt werden, hier dem JPanel, welches im BorderLayout unten angeordnet wird:

```
panelEingaben.add(scrPaneEingaben);
```

Ergebnis (mit Eingabe in die JTextArea des JScrollPane):

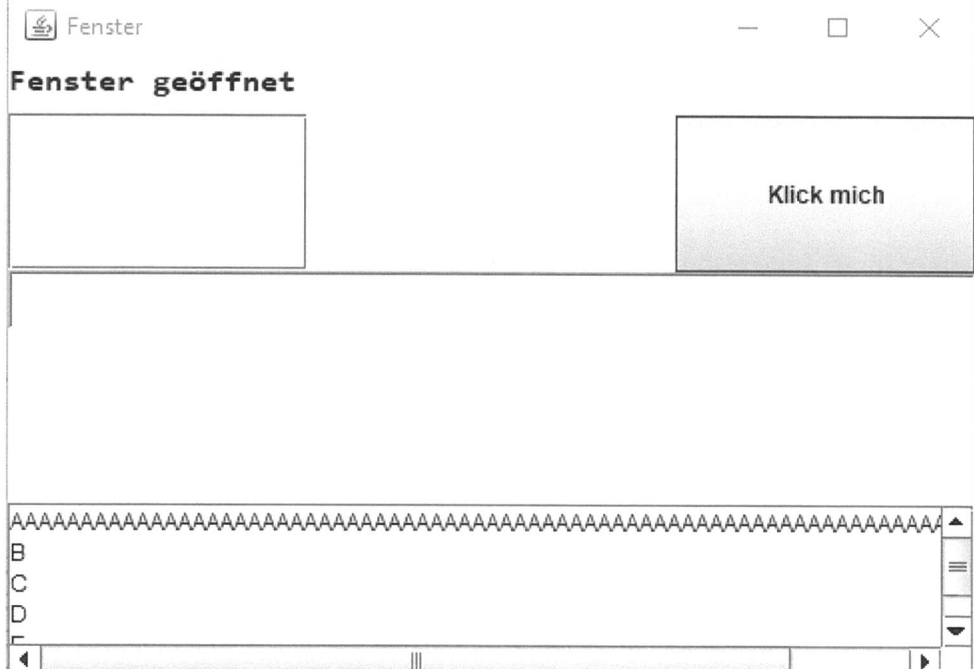

Einem JScrollPane können wie für das JFrame und das JPanel Komponenten auch nach Initialisierung hinzugefügt werden. Die „add"-Methode ist hierfür aber nicht geeignet; stattdessen steht für das JScrollPane speziell die „setViewportView"-Methode zur Verfügung. Der Code würde in diesem Fall wie folgt aussehen:

```
scrPaneEingaben = new JScrollPane();
scrPaneEingaben.setPreferredSize(new Dimension(150, 90));
scrPaneEingaben.setViewportView(txa);
```

Die Sichtbarkeit der Scrollbalken kann eingestellt werden über das Interface „ScrollPaneConstants". Standardmäßig erscheinen die Scrollbalken nur dann, wenn sie benötigt werden, weil der Inhalt der enthaltenen Elemente zu groß ist. Mit folgender Einstellung können die Scrollbalken immer angezeigt werden Der erste Parameter bestimmt die vertikale, der zweite die horizontale Scrollbalken-Sichtbarkeit:

```
scrPaneEingaben = new JScrollPane(ScrollPaneConstants.VERTICAL_SCROLLBAR_AL-
WAYS, ScrollPaneConstants.HORIZONTAL_SCROLLBAR_ALWAYS);
```

Ergebnis (ohne JTextArea im JScrollPane):

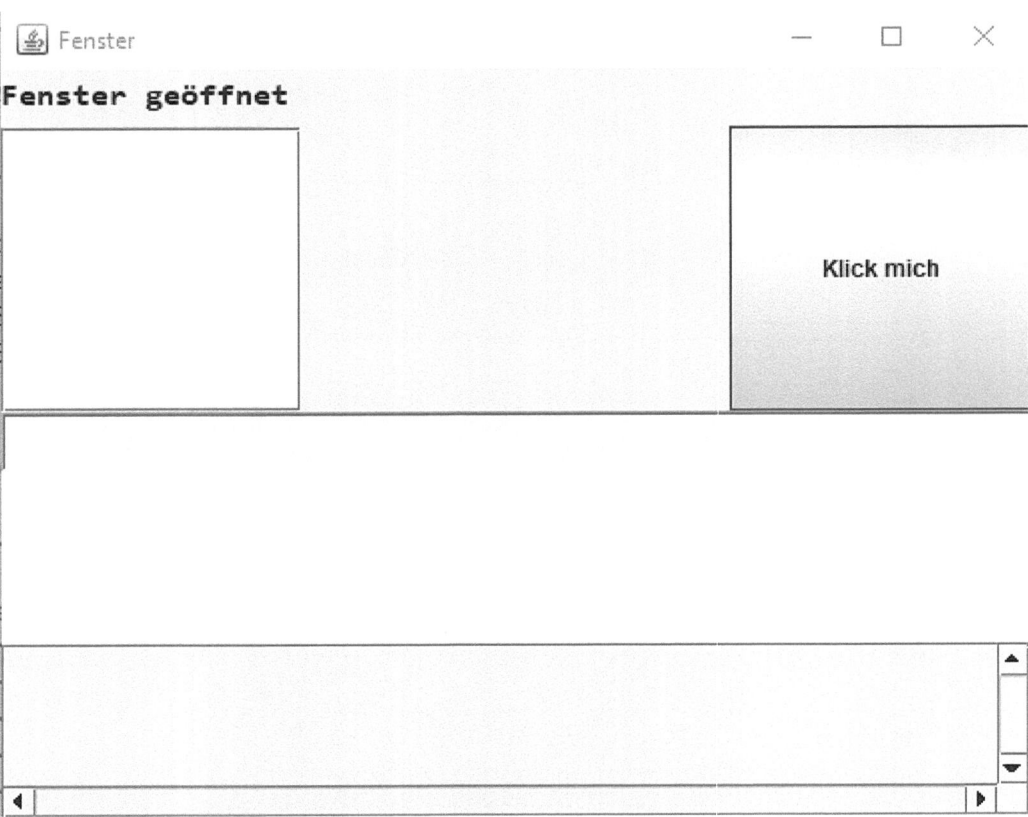

Neben dem JPanel und dem JScrollPane stehen aus der swing-Klasse weitere Container wie beispielsweise das JDesktopPane, das JLayeredPane und die JToolBar zur Verfügung.

8.7 Event Handling - ActionListener

Für dieses Kapitel verwenden wir aus dem bisherigen Code nur das Label und den Button, jeweils ohne Code zur Gestaltung von Schrift und Rändern, welche wir in einem FlowLayout anordnen lassen. Alle anderen Bedienelement-Objekte löschen wir aus dem Code. Der Konstruktor der Klasse Gui besteht dann aus folgendem Code:

```java
public Gui() {

    // JFrame
    setTitle("Fenster");
    setLocationRelativeTo(null);
    setDefaultCloseOperation(EXIT_ON_CLOSE);
    setLayout(new FlowLayout());

    // Label
    lblText = new JLabel("Fenster geöffnet");
    lblText.setPreferredSize(new Dimension(150,30));

    // Button
    btnText = new JButton("Klick mich");
```

```
btnText.setPreferredSize(new Dimension(150, 30));

// JFrame
add(lblText);
add(btnText);

pack();
setVisible(true);
}
```

Events sind Ereignisse, die bei der Programmausführung geschehen können, beispielsweise das Betätigen eines Buttons, Bewegungen mit der Maus, Tastatureingaben und vieles mehr. In Java handelt es sich bei Events genauer gesagt um Objekte einer bestimmten Event-Klasse, die durch bestimmte Ereignisse automatisch erzeugt werden. Beim Klick auf einen Button beispielsweise wird ein Objekt der Klasse „ActionEvent" erzeugt, beim Öffnen und Schließen des Fensters wird ein Objekt der Klasse „WindowEvent" erzeugt.

Diese Event-Objekte existieren also automatisch, wenn die vordefinierten Ereignisse ausgelöst werden. Damit diese auch für das Programm relevant werden können, steht für jede Event-Klasse ein entsprechendes Interface als sog. Listener zur Verfügung. Die Listener-Interfaces stellen für jedes dieser Ereignisse eine passende Methode zur Verfügung.

Um einen Button funktionsfähig zu machen, wird der ActionListener verwendet. Unsere Klassendefinition erweitern wir um die Implementierung des ActionListener-Interfaces:

```
public class Gui extends JFrame implements ActionListener {
```

Das Interface stammt aus dem Unterpaket von awt, nämlich dem package „event". Das Sternsymbol importiert keine Unterpakete, sondern nur alle Klassen des jeweiligen Paketes. Deshalb benötigen wir folgende Importanweisung:

```
import java.awt.event.ActionListener;
```

Die Methode „actionPerformed" aus dem Interface „ActionListener" muss anschließend implementiert werden. Dieser wird das erzeugte ActionEvent-Objekt als Parameter übergeben. Im Methodenkörper wird bestimmt, was geschehen soll, wenn der Button geklickt wird:

```
@Override
public void actionPerformed(ActionEvent e) {
    lblText.setText("Button wurde geklickt");
}
```

Dem Button wird der ActionListener mit der Methode „addActionListener" hinzugefügt. Der Methode muss ein Objekt übergeben werden; mit „this" meinen wir den Button selbst:

```
btnText.addActionListener(this);
```

Hierfür ist eine weitere Importanweisung erforderlich:

```
import java.awt.event.ActionEvent;
```

Wenn mehrere Buttons genutzt werden sollen, kann die Ereignissteuerung auch für alle Buttons in der gleichen Methode erfolgen. Hierfür erzeugen wir einen weiteren Button:

```
private JButton btnText, btnZuruecksetzen;
```

Den Button initialisieren wir mit folgenden Eigenschaften im Konstruktor der Klasse Gui und fügen ihm dem JFrame hinzu:

```
btnZuruecksetzen = new JButton("Rückgängig machen");
btnZuruecksetzen.setPreferredSize(new Dimension(150, 30));
btnZuruecksetzen.addActionListener(this);
...
add(btnZuruecksetzen);
```

Die Methode „actionPerformed" wird jetzt für beide Buttons gelten. In der Methode selbst kann durch die „getSource"-Methode bestimmt werden, welcher Button welche Folgen auslöst. Die Methode kann über das ActionEvent-Objekt ausgeführt werden:

```
@Override
public void actionPerformed(ActionEvent e) {
    if (e.getSource() == btnText) {
        lblText.setText("Button wurde geklickt");
    } else if (e.getSource() == btnZuruecksetzen) {
        lblText.setText("Fenster geöffnet");
    }
}
```

Ergebnis (nach Klick auf den Button „Klick mich"):

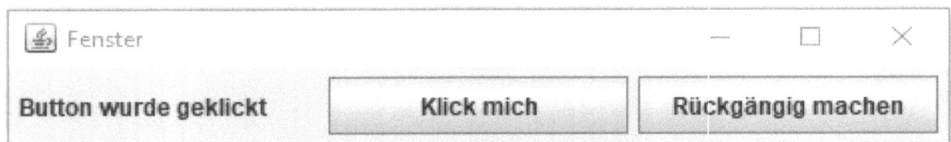

Für die Einbindung des ActionListeners besteht eine alternativere und deutlich platzsparende Schreibweise in Form einer inneren anonymen Klasse. Eine anonyme innere Klasse ist eine Klasse in einer Klasse, die keinen Namen hat. Derartige Konstrukte werden oft im Rahmen des Event-Handlings genutzt.

Wir erzeugen uns hierfür einen dritten Button:

```
private JButton btnText, btnZuruecksetzen, btnBeenden;
```

Den Button initialisieren wir im Konstruktor der Klasse Gui und bestimmen die Größe:

```
btnBeenden = new JButton("Programm beenden");
btnBeenden.setPreferredSize(new Dimension(150, 30));
```

Im Rahmen der „addActionListener"-Methode wird die anonyme Klasse die Methode „actionPerformed" enthalten, welche gleich implementiert werden kann. Die „actionPerformed"-Methode außerhalb des Konstruktors der Klasse Gui enthält hier keine Anweisungen für den Button „btnBeenden":

```
btnBeenden.addActionListener(new ActionListener() {
        public void actionPerformed(ActionEvent e) {
                System.exit(0);
        }
});
...
add(btnBeenden);
```

Für die alternative Schreibweise muss das Interface „ActionListener" nicht von der GUI-Klasse implementiert werden, Importanweisungen für die Klassen „ActionEvent" und ActionListener" sind aber erforderlich!

Ergebnis:

8.8 Event Handling – MouseListener und WindowListener mit JOptionPane

Mit dem MouseListener und dem WindowListener stellt uns Java zwei weitere Interfaces für das Event-Handling zur Verfügung, die vielseitig einsetzbar sind und häufig verwendet werden.

1. MouseListener

Für unser Beispiel zur Verwendung des MouseListeners erstellen wir ein neues JLabel-Objekt:

```
private JLabel lblText, lblFarbe;
```

Die Initialisierung folgt im Konstruktor der GUI-Klasse:

```
lblFarbe = new JLabel();
lblFarbe.setPreferredSize(new Dimension(150,30));
lblFarbe.setBackground(new Color(200, 250, 200));
```

Damit das Label den Hintergrund des JFrame überdeckt, nutzen wir die „setOpaque"-Methode und fügen das Label dem JFrame hinzu:

```
lblFarbe.setOpaque(true);
...
add(lblFarbe);
```

Wenn neben ActionListener auch das Interface MouseListener implementiert wird, müssen 5 Methoden implementiert werden, bzw. im Quellcode mit Leer-Implementierung, existieren, ohne dass diese
gebraucht werden.

Um die Implementierung aller Methoden zu umgehen, stehen für EventListener sog. Adapter-Klassen
zur Verfügung. Diese Klassen implementieren alle erforderlichen Methoden, sodass eine daraus abge-
leitete Klasse nur die für das Programm notwendigen Methoden implementieren muss. Die Implementierung erfolgt hierbei grundsätzlich ebenfalls in der verkürzten Schreibweise im Rahmen einer inneren
anonymen Klasse. In dieser können auch mehrere Methoden implementiert werden:

```
lblFarbe.addMouseListener(new MouseAdapter() {
      public void mouseEntered(MouseEvent e) {
            lblFarbe.setBackground(new Color(250, 200, 200));
      }
      public void mouseExited(MouseEvent e) {
            lblFarbe.setBackground(new Color(200, 250, 200));
      }
});
```

Hierfür sind zwei Importanweisungen erforderlich:

```
import java.awt.event.MouseAdapter;
import java.awt.event.MouseEvent;
```

Der obige Code sorgt dafür, dass die Hintergrundfarbe geändert wird, wenn wir mit der Maus über das
Label gehen.

Ergebnis:

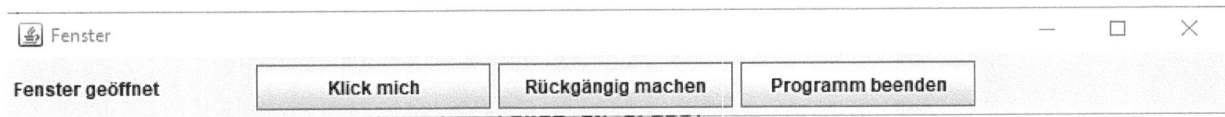

2. WindowListener

Wenn wir den WindowListener beim Schließen des Fensters nutzen wollen, bestimmen wir als erstes,
dass beim Klick auf das „X" am rechten Rand der Titelleiste, nichts geschehen soll:

```
setDefaultCloseOperation(DO_NOTHING_ON_CLOSE);
```

Für die Steuerung der Programmbeendigung erstellen wir eine Methode, die hier vom Beenden-Button,
sowie vom WindowListener aufgerufen werden kann. Die Methode wird ein JOptionPane verwenden,
welches vor der endgültigen Beendigung des Programms eine typische Frage stellen wird, nämlich die,
ob das Programm wirklich beendet werden soll. Das JOptionPane liefert hierbei einen Rückgabewert
des Datentyps int:

```
private void programmBeenden() {
      // Parameter der Methode: Objekt, Frage, Titel, Optionen
      int antwort = JOptionPane.showConfirmDialog(Gui.this, "Soll das Programm
wirklich beendet werden?", "Programm beenden", JOptionPane.YES_NO_OPTION);
```

```
        if (antwort == JOptionPane.YES_OPTION) {
            System.exit(0);
        }
    }
}
```

Im Konstruktor der Klasse „Gui" nutzen wir ebenfalls die Implementierung mithilfe der WindowAdapter-Variante:

```
addWindowListener(new WindowAdapter() {
    public void windowClosing(WindowEvent e) {
        programmBeenden();
    }
});
```

Hierfür sind zwei Importanweisungen erforderlich:

```
import java.awt.event.WindowAdapter;
import java.awt.event.WindowEvent;
```

Falls „Yes" und „No", statt „Ja" und „Nein" angezeigt werden, kann (noch vor der „addWindowListener"-Methode u. a. über folgende Einstellungen der deutsche Text eingestellt werden:

```
UIManager.put("OptionPane.yesButtonText", "Ja");
UIManager.put("OptionPane.noButtonText", "Nein");
```

Der Beenden-Button wird die „programmBeenden"-Methode ebenfalls aufrufen:

```
btnBeenden.addActionListener(new ActionListener() {
    public void actionPerformed(ActionEvent e) {
        programmBeenden();
    }
});
```

Ergebnis:

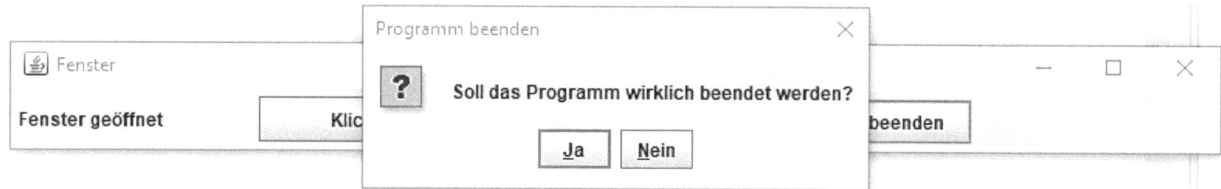

8.9 JRadioButtons, ButtonGroup und JCheckBox am Beispiel eines Taschenrechners

Wir erstellen einen Taschenrechner. Hierfür verwenden wir drei Bedienelemente, die wir noch nicht genutzt haben, nämlich den JRadioButton, die ButtonGroup und die JCheckBox. Wir bereiten folgenden Code für die GUI dieses Taschenrechners vor:

```
public class Gui extends JFrame {
```

```
private JTextField txtZahl1, txtZahl2, txtErgebnis;
private JButton btnRechnen;
private  JRadioButton  rdbAddition,  rdbSubtraktion,  rdbMultiplikation,
                        rdbDivision;
private ButtonGroup bg;
private JCheckBox chbRunden;
private JPanel panelEingaben, panelErgebnis;

public Gui() {

    // JFrame
    setTitle("Fenster");
    setLocationRelativeTo(null);
    setDefaultCloseOperation(EXIT_ON_CLOSE);
    setLayout(new FlowLayout());

    // Bedienelemente
    Dimension dim = new Dimension(150, 30);

    txtZahl1 = new JTextField();
    txtZahl1.setPreferredSize(dim);

    txtZahl2 = new JTextField();
    txtZahl2.setPreferredSize(dim);

    txtErgebnis = new JTextField();
    txtErgebnis.setPreferredSize(dim);

    btnRechnen = new JButton("Berechnen");
    btnRechnen.setPreferredSize(dim);

    rdbAddition = new JRadioButton("+");
    rdbSubtraktion = new JRadioButton("-");
    rdbMultiplikation = new JRadioButton("X");
    rdbDivision = new JRadioButton("/");

    bg = new ButtonGroup();
    bg.add(rdbAddition);
    bg.add(rdbSubtraktion);
    bg.add(rdbMultiplikation);
    bg.add(rdbDivision);

    chbRunden = new JCheckBox("Runden");

    // JPanel
    panelEingaben = new JPanel();
    panelEingaben.add(txtZahl1);
    panelEingaben.add(rdbAddition);
    panelEingaben.add(rdbSubtraktion);
    panelEingaben.add(rdbMultiplikation);
    panelEingaben.add(rdbDivision);
    panelEingaben.add(txtZahl2);

    panelErgebnis = new JPanel();
    panelErgebnis.add(btnRechnen);
    panelErgebnis.add(txtErgebnis);
```

```
        panelErgebnis.add(chbRunden);

        // JFrame
        setLayout(new BoxLayout(this.getContentPane(), BoxLayout.Y_AXIS));
        add(panelEingaben);
        add(panelErgebnis);

        pack();
        setVisible(true);
    }
}
```

Ergebnis:

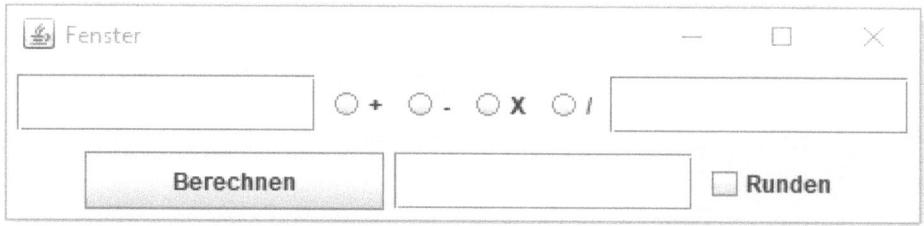

Wir nutzen für unseren Taschenrechner JRadioButtons als Bedienelement. JRadioButtons dienen dazu, eine Auswahl unter mehreren Möglichkeiten zu treffen. Konkret besteht hier die Auswahl in der Durchführung einer bestimmten Rechenoperation. JRadioButtons können einzeln aktiviert und deaktiviert werden. Das Problem dabei ist, dass es ohne eine ButtonGroup möglich ist, mehrere JRadioButtons auszuwählen, obwohl das Programm vielleicht nur dann Sinn macht, wenn die Auswahl auf eines von mehreren JRadioButtons beschränkt wird, so wie hier.

Deshalb fügen wir die JRadioButtons der ButtonGroup hinzu. Danach ist nur noch eine der mathematischen Operationen auswählbar. Die ButtonGroup selbst wird nicht dem JPanel hinzugefügt, sondern es bleibt beim Hinzufügen der JRadioButton-Objekte an das JPanel „panelEingaben".

Die ButtonGroup ist übrigens nicht nur auf JRadioButtons anwendbar, sondern beispielsweise auch auf CheckBox-Elemente.

Die Überprüfung der eingegebenen Zahlen, die wir im Rahmen der Klasse mit einer Ergebnis-Variablen als Attribute hinzufügen, soll im Rahmen einer Methode erfolgen Um die dabei entstehenden Fehler zu vermeiden, nutzen wir eine „Try-Catch"-Anweisung:

```
private double ersteZahl, zweiteZahl, ergebnis;

    public Gui() {
        ...
    }
private void eingabePruefen() {
    try {
```

Aus den JTextField-Objekten kann der Text mithilfe der „getText"-Methode entnommen werden. Die Methode liefert einen String zurück Die Umwandlung realisieren wir mit der Methode „parseDouble":

```
        ersteZahl = Double.parseDouble(txtZahl1.getText());
        zweiteZahl = Double.parseDouble(txtZahl2.getText());
```

Wenn alles reibungslos funktioniert hat, soll eine Methode zur Berechnung und Anzeige des Ergebnisses aufgerufen werden (die wir später noch programmieren werden):

```
rechnen();
```

Im Rahmen des „catch"-Blocks werden zunächst die möglichen Fehlerarten abgefangen und anschließend bestimmt, was geschehen soll, wenn der jeweilige Fehler entsteht:

```
} catch (NullPointerException | NumberFormatException n) {
        txtErgebnis.setText("Bitte Eingabe überprüfen");
    }
}
```

Um zu garantieren, dass einer der JRadioButtons von Anfang an ausgewählt ist, wird die „setSelected"-Methode verwendet. In vielen Fällen erfordert die Programmlogik auch, dass jeweils ein JRadioButton aus der ButtonGroup aktiviert ist, weil für den Fall, dass keiner aktiviert ist, kein Ergebnis vorgesehen wird. In unseren Code fügen wir also ein:

```
rdbAddition.setSelected(true);
```

Die Berechnung des Ergebnisses programmieren wir im Rahmen einer weiteren Methode. Dabei trennen wir als erstes die Variante, dass die JCheckBox aktiviert (Häkchen gesetzt) ist von der Variante, dass diese nicht aktiviert ist (Häkchen nicht gesetzt). Die Frage, ob die JCheckBox aktiviert ist, beantwortet die Methode „isSelected" mit dem Rückgabewert true oder false:

```
private void rechnen() {
    if (chbRunden.isSelected()) {
```

Innerhalb beider Varianten bestehen jeweils vier Möglichkeiten entsprechend der Auswahl einer Rechenoperation durch die JRadioButtons. Die Frage, welcher der vier JRadioButtons aktiviert ist, liefert ebenfalls die „isSelected"-Methode:

```
        if (rdbAddition.isSelected()) {
            ergebnis = ersteZahl + zweiteZahl;
            ergebnis = Math.round(ergebnis * 100.0) / 100.0;
            txtErgebnis.setText((Double.toString(ergebnis)));
        } else if (rdbSubtraktion.isSelected()) {
            ergebnis = ersteZahl - zweiteZahl;
            ergebnis = Math.round(ergebnis * 100.0) / 100.0;
            txtErgebnis.setText((Double.toString(ergebnis)));
        } else if (rdbMultiplikation.isSelected()) {
            ergebnis = ersteZahl * zweiteZahl;
            ergebnis = Math.round(ergebnis * 100.0) / 100.0;
            txtErgebnis.setText((Double.toString(ergebnis)));
        } else {
            ergebnis = ersteZahl / zweiteZahl;
            ergebnis = Math.round(ergebnis * 100.0) / 100.0;
            txtErgebnis.setText((Double.toString(ergebnis)));
        }
```

Wenn die JCheckBox nicht aktiviert ist, wird das Ergebnis nicht gerundet:

```
    } else {
        if (rdbAddition.isSelected()) {
            ergebnis = ersteZahl + zweiteZahl;
            txtErgebnis.setText((Double.toString(ergebnis)));
        } else if (rdbSubtraktion.isSelected()) {
```

```
                    ergebnis = ersteZahl - zweiteZahl;
                    txtErgebnis.setText((Double.toString(ergebnis)));
            } else if (rdbMultiplikation.isSelected()) {
                    ergebnis = ersteZahl * zweiteZahl;
                    txtErgebnis.setText((Double.toString(ergebnis)));
            } else {
                    ergebnis = ersteZahl / zweiteZahl;
                    txtErgebnis.setText((Double.toString(ergebnis)));
            }
        }
}
```

Für die Programmausführung fehlt nur noch ein Button, der die Prozesse in Gang setzen wird:

```
public Gui() {
        ...
        btnRechnen.addActionListener(new ActionListener() {
                @Override
                public void actionPerformed(ActionEvent e) {
                        eingabePruefen();
                }
        });
```

<u>Hinweis:</u> Kommazahlen müssen hier mit einem Punkt, statt einem Komma eingegeben werden.

<u>Ergebnis (Beispiele mit und ohne Runden):</u>

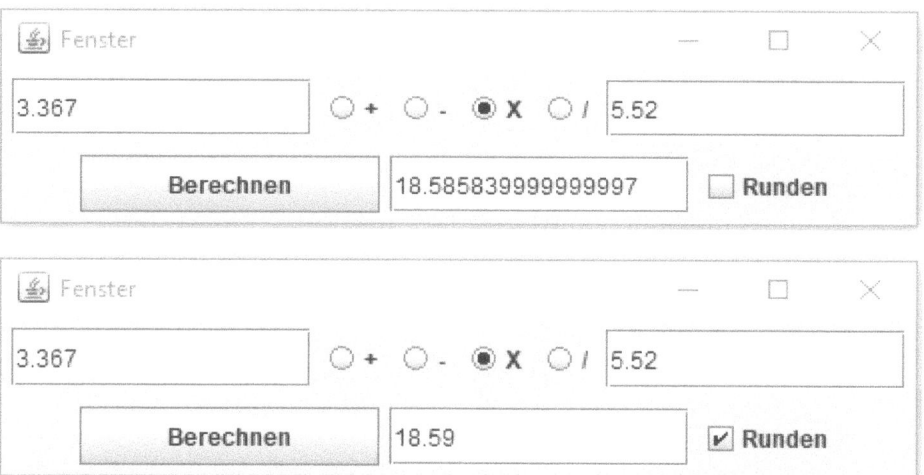

9 Stichwortverzeichnis